ÍNDICE

INTRODUCCIÓN

¿Alguna vez ha pensado en tener su propio negocio? O bien, ¿tiene alguna idea para un negocio, pero no está seguro de que tendrá éxito?

¿Sí?

Entonces, este manual es para usted, pues le ayudará a reflexionar a fondo sobre sus ideas y a responder las dudas que se podría plantear acerca de iniciar un negocio. Una vez que haya terminado de leerlo, usted podrá:

- Identificar las oportunidades de negocios realistas y susceptibles de alcanzar el éxito.
- Evaluar esas oportunidades en términos de sus recursos, su experiencia y sus intereses.
- Eliminar las oportunidades que no tienen un mercado fácilmente asequible.
- Determinar la viabilidad financiera de las oportunidades que hayan superado los tres primeros obstáculos.

Cómo funciona este libro

Esta guía lo conducirá por cuatro etapas importantes del proceso de decidir si ser dueño de un pequeño negocio es conveniente para usted. Sus decisiones tendrán como base la información que la guía le enseñará y también aspectos que aprenderá acerca de usted mismo. La información personal la adquirirá de los Talleres Personales.

¿Qué son las Prácticas Personales?

Las Prácticas Personales son actividades ideadas para ayudarle a examinar las múltiples decisiones que tendrá que tomar durante el proceso de prepararse para dirigir su propio negocio. Las Prácticas no son exámenes, sino simplemente ejercicios que le ayudarán a conocer más acerca de sí mismo y de la propiedad de un pequeño negocio.

Usted no está solo

Durante su recorrido por este manual, tendrá oportunidad de conocer a siete empresarios que trabajarán en los mismos cuatro pasos que usted estará dando. Siga sus historias al mismo tiempo que comienza a crear la propia.
    Los siguientes íconos, que corresponden a seis de los empresarios en ciernes, se usarán para ayudarle a identificar más fácilmente los casos de estudio:

Conozca a

 *Elena Rodríguez*

 *David Campos*

 *Darío Ancira*

 Felipe Téllez

 Los Serdán

 *Laura Castillo*

Íconos al margen

Las fuentes adicionales de información y los puntos que vale la pena destacar se marcan en los márgenes de esta guía.

 Le presentamos a la empresaria Carmen Fuentes. Por lo general, la historia de Carmen aparecerá en recuadros en la parte inferior de la página, y otras veces Carmen realizará Prácticas Personales junto con usted.

 **Llamados**: Esta señal atrae su atención hacia información que vale la pena destacar o recordar.

 Recursos bibliográficos: Lecturas recomendables que podrá encontrar en su biblioteca y que se indican a lo largo de la guía.

Nota importante: Notas, citas e información valiosa que encontrará en los recuadros correspondientes en la parte inferior de la página.

Palabra clave: Las palabras y frases que se consideran términos de negocios y son importantes para entender el tema en cuestión se resaltan y posteriormente se definen en el Glosario de palabras clave.

Paso atrás: En ocasiones se le pedirá dar un "Paso atrás" hacia un paso o práctica anterior, para poder repasar o echar un segundo vistazo al material.

Información: Esta guía le proporcionará información pertinente de negocios, tocante a asuntos cotidianos y también a planes estratégicos para su negocio.

Herramientas: Las Prácticas Personales son las herramientas que usted empleará para poner a prueba y analizar sus ideas y estrategias de negocios.

Aprendizaje: Dirigir un negocio con éxito implica un aprendizaje continuo. Dicho aprendizaje habrá de ser selectivo y apropiado, acorde con las necesidades de la empresa y sus propias habilidades, sus conocimientos previos, sus experiencias y recursos.

Trabajo en red: Usted no estará solo al tomar decisiones de negocios. Tendrá acceso a fuentes externas adicionales con las que se pondrá en contacto para obtener apoyo y ayuda.

Cómo leer este libro

Dedique unos minutos a dar un vistazo preliminar al material antes de comenzar. Familiarícese con la guía y con las Prácticas Personales. Comience a formular mentalmente preguntas para las que desearía tener una respuesta al completar la lectura.

Lea la guía y termine los materiales de principio a fin. Aunque surja la tentación de pasar por alto ciertas áreas, le será de gran ayuda completar cada Paso íntegramente.

Aproveche las Listas de Comprobación Personal que aparecen al final de cada Paso para verificar su avance.

Para comenzar

Se le ha ocurrido una idea excelente para un negocio. Quizá conoce un producto que casi todo el mundo necesita, el cual usted puede mejorar, simplificar o vender a un precio más bajo. Tal vez considere que hay espacio en su comunidad para una nueva tienda de artículos domésticos, una florería o un servicio de reparación de computadoras.

Tal vez siente que desearía tener un negocio propio, pero no está seguro de la clase de negocio que le interesa. **Eso está bien**.

Cualquiera que sea la empresa que pretenda iniciar, querrá tener la seguridad de que tendrá éxito.

¿Y ahora qué?

¿Cómo comprobar la viabilidad de esa brillante idea? ¿Cómo distinguir una auténtica oportunidad de negocios, una que le hará alcanzar el éxito, de una que no resultará bien? ¿Cuáles son los riesgos? ¿Es usted la persona adecuada para ese negocio? ¿Tendrá clientes? ¿Cómo podrá financiar el negocio?

Preguntas como éstas no sólo son normales, también son señales de que anda en el camino correcto. Si usted no tiene escrúpulos *en absoluto* respecto a aceptar los riesgos y responsabilidades que entraña la organización y operación de un negocio, algo anda mal. Cualquier empresa que exija un compromiso y un esfuerzo de largo plazo merece que le dedique toda su atención.

Su idea para un negocio puede ser fantástica y vencer todos los obstáculos al primer intento. Eso es espléndido, y podrá seguir adelante con confianza. Por otra parte, quizá le encuentre fallas, en cuyo caso dispone de varias opciones.

- Puede reconsiderar la idea y encontrar maneras de fortalecerla.
- Puede decidir posponer su implantación... quizá funcione el año próximo, pero no precisamente ahora.
- Puede decidir que ser el propietario de un pequeño negocio no es lo que usted desea, a final de cuentas.

Un caso para seguirle la pista

Carmen Fuentes ha sido una costurera consumada. Se ha encargado de confeccionar gran parte de la ropa de su familia, ha elaborado regalos para amigas y vecinas, y estaba acostumbrada a recibir continuas felicitaciones por su habilidad y su capacidad creativa. Una de sus amigas le sugirió iniciar un negocio en el que pudiera poner esas habilidades a trabajar.

Carmen reflexionó al respecto y decidió que, puesto que disfrutaba haciendo vestidos de boda y le gustaba trabajar con novias, abriría una tienda para novias.

Ahora ha comenzado a preocuparse por lo que deberá hacer después. Nunca había tenido una empresa propia y carece de experiencia en los negocios. ¿Cuál es el siguiente paso?

Eso también es correcto.

Lo importante es que éstas serán decisiones *suyas*, con base en un examen cuidadoso de su idea de negocio y de qué resultados tendrá en la práctica. Usted aporta experiencia y habilidades a este proceso, probablemente en mayor medida de lo que cree. La condición primordial es que use su sentido común y no se engañe a sí mismo. Las prácticas que se incluyen en esta guía tienen por objeto ayudarlo a poner *su* experiencia y conocimientos a trabajar para que tome las decisiones de negocios que son correctas para *usted*; le proporcionan un bosquejo y algunas sugerencias acerca de cómo proceder, pero es usted quien hará que las cosas funcionen.

Preparación para la Práctica Personal #1
¿Qué obtendré leyendo este libro?

Es probable que tenga muchas preguntas para las que desearía obtener una respuesta a medida que analiza sus ideas de negocios. Use esta primera Práctica Personal como ayuda para preparar sus preguntas.

Nota importante

Los pequeños negocios ofrecen menos riesgos de los que probablemente se nos ha hecho creer. Bruce Kirchoff, del *New Jersey Institute of Technology*, descubrió que, después de ocho años, el 54 por ciento de los nuevos negocios sobreviven de alguna forma: el 28 por ciento conservan a sus dueños originales, en tanto que el 26 por ciento tienen nuevos propietarios. De acuerdo con el estudio de Kirchoff, sólo el 18 por ciento de todos los nuevos negocios fracasan con pérdidas para los acreedores. Sus estudios han sido corroborados por Paul Reynolds, de la Universidad de Marquette, quien descubrió que casi el 80 por ciento de los nuevos negocios cuyo desarrollo estudió seguían operando seis años más tarde.

Práctica Personal #1
¿Qué obtendré leyendo este libro?

Este libro fue proyectado para ayudarle a responder las múltiples preguntas que se hará durante el desarrollo de una idea de negocio. Use esta práctica como ayuda para identificar aquellas que son pertinentes para usted. Marque las que desee ver contestadas al completar esta guía.

- ☐ **¿Cómo puedo estar seguro de que mi decisión de poner un negocio es razonable para mí?**
- ☐ **¿Cómo puedo encontrar el negocio apropiado para mí?**
- ☐ **¿Cómo afectará a mi familia la operación de mi negocio?**
- ☐ **¿Qué clase de personas tienen éxito como dueños de un negocio? ¿Soy una de ellas?**
- ☐ **¿Tengo autodisciplina y persistencia suficientes para triunfar?**
- ☐ **¿Debo pensar en un negocio casero?**
- ☐ **¿Debo pensar en adquirir un negocio ya existente?**
- ☐ **¿Dónde puedo obtener la información y la ayuda o consejos que voy a necesitar?**
- ☐ **¿Hay un tamaño de negocio apropiado para mí, suficientemente grande para ser costeable pero suficientemente pequeño para administrarlo?**
- ☐ **¿Cómo puedo adquirir experiencia en la clase de negocio que me interesa?**
- ☐ **¿Cuándo debo iniciar mi negocio?**
- ☐ **¿Qué se necesita para que mi negocio tenga éxito?**
- ☐ **¿Debo tener empleados o trabajar yo solo?**
- ☐ **¿Debe ser mi negocio de mayoreo, de menudeo, de servicio o de producción?**
- ☐ **¿Quiénes serán mis clientes?**
- ☐ **¿Tendré suficientes clientes?**
- ☐ **¿Existen riesgos especiales en un pequeño negocio?**
- ☐ **¿Puedo convertir mi afición en un negocio?**
- ☐ **Si estoy trabajando actualmente, ¿puedo darme el lujo de dedicar tiempo a iniciar el negocio?**
- ☐ **¿Puedo iniciar un verdadero negocio dedicándole parte de mi tiempo?**
- ☐ **¿Cuánto efectivo necesitaré para iniciar mi negocio?**

☐   ¿Cómo y dónde puedo obtener financiamiento?
☐   ¿Necesito mucha información financiera para tener éxito?
☐   ¿Qué ocurriría si fracaso?
☐   _____
☐   _____

Esto es lo que obtendrá leyendo este libro

¿Obtendrá respuestas a sus preguntas? ¡SÍ! Esta guía le proporcionará algunas respuestas; otras dudas las responderá usted a medida que trabaje con los materiales. Al completar la guía y las prácticas correspondientes, estará en condiciones de aplicar el conjunto siguiente de habilidades útiles para su idea de negocio.

 Información: Las decisiones óptimas de negocios se basan en información que complemente y le ayude a evaluar sus corazonadas y percepciones. Con esta guía podrá identificar los tipos de información que necesitará. Sabrá cuándo y cómo obtenerla eficazmente. Sabrá además dónde obtener ayuda para esos evasivos fragmentos de información que hacen la diferencia entre ganar y perder.

 **Herramientas**: Se le proporcionarán herramientas para ayudarle a analizar sus decisiones de negocios. Prácticas, listas de comprobación y formas para responder preguntas como: ¿Se trata de una auténtica oportunidad de negocio? ¿Funcionará? Estas herramientas aportan un método para responder esta clase de preguntas antes de invertir tiempo y dinero.

 **Aprendizaje**: Dirigir un negocio con éxito exige un aprendizaje continuo... pero que habrá de ser selectivo y apropiado, adecuado a las necesidades de su negocio y a sus propias capacidades, experiencia y recursos.

 Trabajo en red: Hacer todo uno solo lleva al desastre. Aquí conocerá dónde y cómo buscar apoyo, consejo y aportaciones externas.

¿Tiene su negocio probabilidades de éxito? La respuesta es que tiene *más* probabilidades de triunfar si pasa cuatro conjuntos de criterios: ¿**Es razonable** desde el punto de vista **personal**? ¿**de negocios**? ¿**de mercado**? ¿**financiero**?

Realizando los ejercicios y actividades de este libro, usted estará en condiciones de proporcionar respuestas a cada una de las anteriores preguntas. Este proceso, que descompone las preguntas en pasos manejables, le exigirá reflexión y decisiones. Usted tendrá que tomar la decisión de seguir adelante. Nadie lo puede hacer por usted.

Pasos a seguir en esta guía

PASO 1
¿Es razonable su idea de negocio desde el punto de vista personal?

Examine su idea. ¿Qué cuestiones personales le plantearía un arranque? La empresa que se proponga tiene que ser la adecuada para usted. Usted y su negocio tienen que encajar. Un negocio que funcionaría para una cierta persona no necesariamente funciona para otra. Por ejemplo, usted podría poner un restaurante con éxito, basándose en su experiencia como chef y gerente de restaurantes, en sus ahorros y su capacidad para atraer capital de arranque. Otra persona con antecedentes similares podría no ser capaz de echar a andar un restaurante propio porque no tiene acceso a un capital, no está dispuesta a asumir los riesgos que normalmente implica una nueva empresa, o, simplemente, porque le teme al fracaso.

La historia de Elena

Elena Rodríguez perdió su empleo como capacitadora en computación en una dependencia gubernamental debido a un recorte de personal. Elena se dio cuenta de que su plan inicial de vender programas similares de capacitación en computación a compañías de tamaño mediano se hacía cada vez menos atractivo a medida que lo analizaba. ¿Tenía un buen mercado? Sí. ¿Era financieramente razonable? Sí. ¿Era razonable para ella misma? No... pero ésta fue una decisión a la que no fue fácil llegar. Después de pasar varios meses investigando su mercado y afinando su plan de negocios, Elena llegó a una conclusión importante: se dio cuenta de que su idea sencillamente no tenía sentido para ella desde el punto de vista personal. Decidió que no quería formar parte del mundo corporativo.

La historia de David

David Campos se ajustaba mejor en lo personal a su sueño de abrir una tienda de vinos y quesos en una población turística de cierta categoría. Después de haber sido banquero y haber atravesado por tiempos difíciles en el aspecto financiero, David deseaba combinar su amor por los viajes, los vinos y las ventas personales en un negocio propio. Su tienda de vinos es el resultado, y demuestra cómo el trabajo duro y las agallas dan resultados: fundó su tienda con ayuda de un amigo dispuesto a avalar una modesta línea de crédito para inventario y arreglos al local. El reto de comenzar desde abajo le atraía, aunque admite que eso no es para todo el mundo. Después de algunos años, ha retrocedido a trabajar 51 semanas al año y a semanas de más de 60 horas laborables.

La historia de Darío

Darío Ancira nunca esperó en realidad iniciar un negocio propio. Había trabajado en la industria electrónica durante 24 años, casi todos ellos en la dirección de producción. Darío se vio obligado a jubilarse "anticipadamente" cuando se cerró la planta donde trabajaba. Sin embargo, un año después del cierre, se dio cuenta de que ansiaba volver a trabajar. El cierre de la planta dejó sin empleo a un gran grupo de trabajadores especializados de la industria electrónica. Casi todos ellos vivían aún en el área y estaban disponibles para trabajar. Darío consideró que esto era una oportunidad para iniciar un negocio propio y pensó en producir ensambles de tarjetas de circuitos impresos bajo contrato para otros fabricantes.

PASO 2
¿Es razonable su idea como negocio?

¿Es capaz de explicar su idea claramente, con suficiente detalle, de modo que pueda corroborar sus supuestos? ¿Es sólido el concepto? Es necesario que pueda expresar su idea: ¿Qué es lo que va a vender? ¿Quién adquirirá su producto o servicio? ¿Por qué van a comprarle a usted en vez de comprarle a alguien más? ¿Qué es lo que hará que su negocio se distinga de sus rivales? ¿Por qué va a tener éxito? Es bueno tener más de una idea para elegir (la primera puede no ser la mejor que se le ocurra), de modo que parte de la tarea de explicarla consiste en examinar otras posibilidades.

La historia de Felipe

Felipe Téllez, presidente de GC Herrera (el editor líder de libros en tipo grande en ese momento), tenía una idea particularmente clara para un negocio. ¿En qué consistía? Muy sencillo: en averiguar con qué obras deseaban contar los bibliotecarios, el mercado principal de libros en tipo grande, para sus lectores de esta clase de textos. Averiguar cómo deseaban hacer sus pedidos, poner atención a sus ideas... ¡y trabajar en ello! Esto tenía mucho sentido como negocio. Existen 22 mil bibliotecas que cuentan con libros en tipo grande, millones de personas de todas las edades que necesitan leer textos en este tipo, y muchos editores que ignoran las posibilidades de hacer sus libros así.

Nota importante

Una idea de negocio "es razonable como negocio" si, al explicar el concepto, un observador desinteresado puede descubrir que hay un mercado disponible para el producto o servicio, que usted cuenta con la experiencia y los contactos para explotar el mercado, y que puede conseguir el efectivo suficiente para iniciar el negocio.

PASO 3
¿Es razonable su idea desde el punto de vista del mercado?

Analice sus mercados. ¿Quiénes van a ser sus clientes? ¿Puede usted hacerse de suficientes clientes? El estudio del mercado ("mercado" en este sentido significa las personas que podrían adquirir su producto o servicio) proporciona el siguiente conjunto de pruebas. Como mínimo, usted tiene que asegurarse de que efectivamente existen compradores dispuestos allá afuera, y espacio suficiente en el mercado para que pueda afianzarse.

Esto es más fácil si la industria en la que piensa participar está creciendo (análisis de la industria), pero incluso en industrias en decadencia existen nichos en los que podría optar por trabajar.

La historia de Darío
Darío conocía los aspectos de producción del negocio electrónico, pero sabía que tenía que perfeccionar sus conocimientos. Comenzó por investigar la industria del ensamblado de tarjetas de circuitos impresos en busca de tendencias y potencial de crecimiento, y encontró publicaciones del ramo y otros informes secundarios de investigaciones que mostraban que la industria había crecido notablemente durante los últimos años, que se le proyectaba un crecimiento de 20 por ciento anual para los próximos dos años y una expectativa de incrementos de dos dígitos para el resto de la década.

La historia de Ricardo y Ruth
A Ricardo y Ruth Serdán les atraía la idea de transformar su antigua casona en una posada. La investigación del mercado les mostró que el mercado local para posadas estaba casi saturado, así que analizaron minuciosamente otra vez su propiedad, el mercado y la competencia, y llegaron a la conclusión de que podrían crear un nicho para ellos especializándose en servicios de banquetes: bodas, fiestas y retiros para ejecutivos.

PASO 4
¿Es razonable su idea desde el punto de vista financiero?

¿Salen bien las cuentas? Se necesita efectivo para hacer que el negocio funcione. Piense en una serie de filtros.

Nota importante

Las empresas Taco Bell y Fito-Lay se iniciaron con menos de 500 dólares cada una, aportados en ambos casos por las madres de los fundadores respectivos.

Su idea de negocio ha salido bien librada hasta ahora... aunque tal vez ha tenido que revisarla unas cuantas veces, se ajusta positivamente a sus valores, ambición, experiencia y recursos. La idea misma se puede explicar y defender. Parece que ha satisfecho la prueba contra la realidad y "es razonable como negocio". Ha pasado los filtros del mercado: existen prospectos allá afuera y también un punto de apoyo competitivo. Es razonable desde el punto de vista del *mercado*. Ahora surge la gran pregunta: ¿es el negocio *financieramente* razonable para usted?

Dada una concordancia entre el propietario en ciernes y una gama de oportunidades de pequeños negocios, se vuelve importante seleccionar una o dos de las oportunidades que parezcan más promisorias para concentrarse en ellas. Lo mismo que en el amor, no hay que dejarse llevar por la primera. Existen múltiples oportunidades, y usted merece una elección cuidadosa. El trabajo que implica explicar en qué consiste la oportunidad le será de gran ayuda para tomar una decisión sólida acerca del negocio.

Ropa infantil Laura

La historia de Laura
Laura Castillo, una joven madre que diseña y espera fabricar ropa para niños, siguió otro camino. Ella se percató de que no podía hacer todo a la vez, especialmente porque ya trabajaba de tiempo completo con su esposo en otra empresa nueva. Su decisión de seguir adelante sobre la

base de tiempo parcial era financieramente razonable en vista de su situación. Su negocio crece tan rápido como ella lo desea —es decir, despacio y con cuidado— y Laura dedica gran parte de su tiempo a establecer contactos y conocer gente en la industria del vestido.

Ya está listo para comenzar

El orden de los pasos es importante. Si desea iniciar su propio negocio, podrá hacerlo. Si su motivación es suficientemente grande, lo hará. Generalizando en términos algo burdos, los propietarios de pequeños negocios son inteligentes, tenaces, llenos de energía, animosos, persistentes y optimistas. Tienen que ser así. Ser dueño de un pequeño negocio y dirigirlo es un trabajo duro. Si sus características personales no concuerdan con la oportunidad de negocio, las probabilidades de éxito no son muchas.

Ninguno de estos negocios implica ideas nuevas y sorprendentes. Cada uno representa el sentido común en acción. Los seis empresarios analizaron cómo se ajustaban en lo personal a su idea de negocio, explicaron sus ideas con claridad antes de seguir adelante, dedicaron tiempo a examinar sus mercados y se aseguraron de que sus recursos no serían devorados por un arranque demasiado ambicioso.

Al seguir los cuatro pasos sugeridos en esta guía, usted afinará y pondrá a prueba su idea de negocio. Los ejercicios, formas, listas de comprobación, la investigación recomendada y otras actividades le serán de gran utilidad.

¿ES RAZONABLE SU IDEA DE NEGOCIO DESDE EL PUNTO DE VISTA PERSONAL?

¿Cuenta con lo que se necesita para tener éxito en un pequeño negocio?

Cuando haya completado el Paso 1, usted:

- Tendrá una imagen del negocio en el cual desea estar.
- Sabrá cuáles son las características personales y las habilidades de negocios que necesitará para dirigir un negocio con éxito.
- Sabrá dónde obtener ayuda para las áreas en que la necesite.
- Estará consciente de los riesgos y recompensas que trae consigo ser dueño de su propio negocio.
- Tendrá una comprensión más cabal de su situación financiera personal.

¿Por qué la gente monta un negocio?

Iniciar un negocio propio es el sueño de mucha gente

¿Desea ejercer sus habilidades e intereses y hacer algo diferente? Pruebe con un negocio pequeño, ya sea como empleado o como propietario.

¿Desea ser independiente y ganar dinero? Entonces inicie un pequeño negocio, o adquiera uno, o compre una franquicia, o trabaje en un negocio que pueda adquirir algún día. O bien, trabaje en un negocio pequeño con el fin de buscar ideas para uno propio.

¿Desea permanecer en su pueblo o ciudad natal, o vivir en algún lugar que represente algo especial para usted? Un pequeño negocio proporciona la mejor oportunidad de elegir dónde va a trabajar y a vivir.

¿Desea seguridad en el empleo? La propiedad de un pequeño negocio ofrece menos riesgos de los que usted podría pensar.

La lista de razones para considerar la posibilidad de tener un pequeño negocio es interminable. Sus motivos pueden ser ayudar a otros o probar que puede hacer algo mejor que como se está haciendo ahora... o una mezcla de ambos. De hecho, es preferible que se trate de una combinación, porque si no tiene utilidades no durará mucho tiempo en el negocio, y si su único motivo es ganar dinero sus probabilidades de éxito se reducen enormemente.

¿Qué llevó a estas personas a iniciar un negocio?

CAPACITACIÓN EN COMPUTACIÓN

Elena Rodríguez necesitaba un ingreso que remplazara al que perdió. También quería ser independiente y aplicar las habilidades de computación y capacitación que había perfeccionado a lo largo de los años.

David Campos deseaba un negocio que coincidiera con su interés por los viajes y los buenos vinos, así que convirtió sus aficiones en un negocio que satisfacía sus modestas necesidades financieras.

Darío Ancira no estaba preparado para una jubilación anticipada; vio una oportunidad para utilizar su capacidad y la de otros trabajadores sin empleo iniciando un negocio propio.

Felipe Téllez deseaba tener un negocio propio que contribuyera a facilitar las cosas a los lectores que requerían tipos grandes, así como a los bibliotecarios que atienden este mercado. También ansiaba trasladarse al campo, luego de haber soportado la vida citadina por largo tiempo.

Los Serdán deseaban transformar el elefante blanco que era su casona en una propiedad deducible de impuestos y tener algunas entradas para darle mantenimiento y mejorarla. Ruth quiere dejar su empleo actual y trabajar de tiempo completo en echar a andar la posada. Ricardo todavía tiene un empleo fijo y seguirá en él hasta que su posada cubra al menos los gastos.

Laura Castillo quería edificar un negocio importante, en parte para mostrar que puede hacerlo y en parte porque difruta el reto de crear una línea de ropa para niños.

En la tabla 1.1 se muestran las razones por las que las personas han deseado establecer un negocio propio.

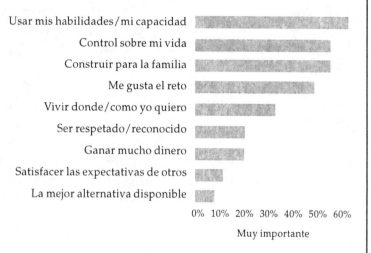

Tabla 1.1: La independencia es la razón principal por la que casi todas las personas ponen un negocio por cuenta propia

Razones para poner un negocio por importancia relativa

Usar mis habilidades/mi capacidad

Control sobre mi vida

Construir para la familia

Me gusta el reto

Vivir donde/como yo quiero

Ser respetado/reconocido

Ganar mucho dinero

Satisfacer las expectativas de otros

La mejor alternativa disponible

0% 10% 20% 30% 40% 50% 60%

Muy importante

Cooper, Arnold C. *et al.*, *New Business in America*, NFIB Foundation, VISA Business Card *Primer*, 1990.

Preparación para la Práctica Personal #2: Por el ojo de la cerradura

La siguiente Práctica Personal le será útil, pues lo esti-
mulará a visualizar sus ideas de negocios y a hablar de
ellas.

Notas personales:

Práctica Personal #2
Por el ojo de la cerradura

¿Alguna vez se ha dicho a sí mismo: "Puedo verme dirigiendo *ese* negocio"?

Imagínese trabajando en un negocio propio. Podría estar fabricando artículos de cerámica, montando una fábrica para producir salsas, distribuyendo muebles de madera, dirigiendo un restaurante de categoría, o ayudando a alguien a resolver un problema de diseño de interiores. Lo que sea. Deje en libertad su imaginación.

Haga que su visión adquiera vida. Hable acerca de ella, escriba sobre ella o dibújela. ¿Qué ropa lleva usted? ¿Qué está haciendo? ¿Está ante los clientes? ¿Trabaja solo? ¿Trabaja en casa? ¿Necesita una computadora, un almacén o una niveladora?

Es conveniente regresar a esta imagen una y otra vez. Es probable que la imagen cambie, quizá por completo, a medida que sus ideas se hagan más concretas. Pero por ahora sólo trate de imaginar cómo sería su negocio propio.

Práctica Personal #2
Por el ojo de la cerradura

¿Alguna vez se ha dicho a sí mismo: "Puedo verme dirigiendo *ese* negocio"?

Imagínese trabajando en un negocio propio. Podría estar fabricando artículos de cerámica, montando una fábrica para producir salsas, distribuyendo muebles de madera, dirigiendo un restaurante de categoría, o ayudando a alguien a resolver un problema de diseño de interiores. Lo que sea. Deje en libertad su imaginación.

Haga que su visión adquiera vida. Hable acerca de ella, escriba sobre ella o dibújela. ¿Qué ropa lleva usted? ¿Qué está haciendo? ¿Está ante los clientes? ¿Trabaja solo? ¿Trabaja en casa? ¿Necesita una computadora, un almacén o una niveladora?

Es conveniente regresar a esta imagen una y otra vez. Es probable que la imagen cambie, quizá por completo, a medida que sus ideas se hagan más concretas. Pero por ahora sólo trate de imaginar cómo sería su negocio propio.

¿Qué clase de personas triunfan en un negocio propio?

 Si busca una prueba que le indique definitivamente si está o no a la altura de las exigencias que entraña la propiedad de un pequeño negocio, no se moleste. **No existe una prueba así.** Sin embargo, hay ciertas características que los propietarios de pequeños negocios de éxito tienden a compartir; entre ellas se cuentan la autodisciplina, la energía, la persistencia y la disposición de adaptarse a las demandas del mercado.

Dedique un momento a pensar acerca de lo que el éxito significa *para usted*. No todo el mundo piensa que ganar mucho dinero equivale a triunfar. Algunas personas sienten que tener éxito es conservar la independencia o cultivar un interés vital, sin dejar de satisfacer las necesidades económicas. Probar que es capaz de hacer algo puede ser suficiente para usted. Puede encontrar el éxito en la posibilidad de distribuir su agenda de trabajo en función de otros intereses. Lo que importa es sentir que se tiene éxito. Aunque dirigir un negocio que va camino al fracaso no le hará sentirse triunfador (más bien lo contrario), el hecho de estar encadenado a un negocio que detesta tampoco lo hará. Su meta es dirigir rentablemente la clase de negocio que sea acorde con sus valores e intereses.

Unas últimas palabras sobre esto: la propiedad de un negocio pequeño puede ser una profesión remuneradora, divertida, emocionante, e incluso estimulante, pero siempre viene acompañada de tensión, dudas y ansiedad. Si usted ama lo que hace, bien vale la pena. Si no disfruta la responsabilidad y el indispensable compromiso de hacer que su negocio funcione, entonces le irá mejor trabajando para alguien más. Ésa es una decisión que sólo usted puede tomar.

¿Qué habilidades de negocios hacen falta para tener éxito?

Observe la figura 1.1; en ella verá que los propietarios de pequeños negocios usan muchos sombreros. Un día usted será el gerente general: necesitará habilidades de planificación, contratación de personal, control y dirección. Esto ya es bastante, pero también tendrá que administrar el desarrollo de productos, el marketing, las ventas, las operaciones, el personal y las finanzas. Incluso si tiene empleados que se encarguen de estas funciones, usted tendrá que saber lo suficiente acerca de ellas para asegurar que se haga lo correcto.

Desarrollo de productos y servicios: identificar o desarrollar productos o servicios que satisfagan las necesidades de los mercados elegidos.

Marketing: determinar quiénes van a ser sus clientes y cuál es la mejor manera de llegar a ellos.

Ventas: hacer que la gente adquiera su producto o servicio; realizar la venta.

Operaciones: proyectar, estudiar y mejorar el trabajo cotidiano... lo que la gente hace durante el día.

Personal: contratar, capacitar y dirigir personas (incluso un hombre orquesta tiene un gerente de personal: él mismo).

Finanzas: asegurar que haya dinero disponible para pagar las cuentas y financiar el crecimiento del negocio.

Gerencia general: planificar lo que el negocio va a ser, organizarlo, dirigirlo (una vez en marcha) fijando metas y tiempos, y controlarlo vigilando su rendimiento en función de metas y objetivos. Dirigir a los gerentes (o autodirigirse, en el caso de solistas). En otras palabras, ser El Jefe.

Figura 1.1: Los múltiples sombreros que quizá tenga que usar el propietario de un pequeño negocio

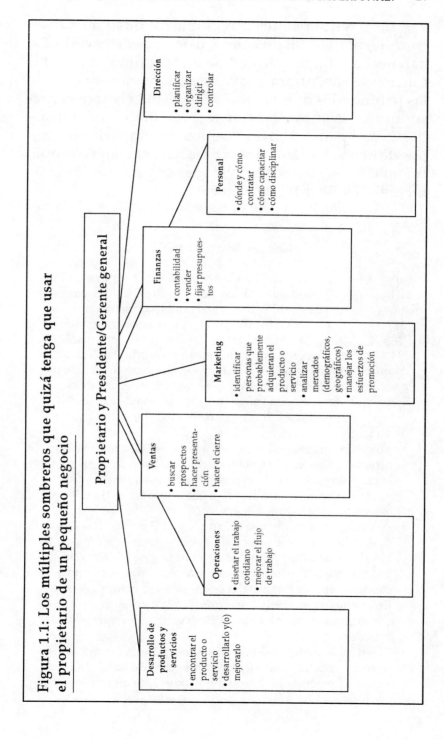

Lo anterior puede parecer una cantidad de trabajo enorme, pero no se preocupe, usted puede hacerlo. Lo han hecho millones. A medida que profundice en estas funciones, encontrará que ya está ejercitando muchas de las habilidades que se requieren. Usted elabora el presupuesto y controla las finanzas familiares, organiza y designa al personal para eventos comunitarios o equipos de béisbol, se las arregla para hacer mejor su propio trabajo. Estas tareas y actividades se traducen directamente a habilidades de negocios.

¿Recuerda a Carmen?

Carmen Fuentes quería estar segura de que contaba con las habilidades idóneas para tener éxito. Sabía que era capaz en diseño y costura (desarrollo de productos y servicios). También tenía las habilidades personales de ventas que su tienda requería; las adquirió cuando trabajó como dependienta en una gran tienda de departamentos. Y contaba además con la experiencia de haber vendido trajes de boda trabajando en su casa.

Pero no estaba tan segura respecto a los otros aspectos de su negocio.

- ¿Tendría suficientes clientes? Carmen asistió a una clase que ofrecía el Centro para el Desarrollo del Pequeño Negocio, la cual le ayudó a desarrollar habilidades de marketing. Su asesor la apoyó para llevar a cabo una investigación de mercado que disipó sus temores.
- Asistió a un curso vespertino de contabilidad (seis sesiones distribuidas en seis semanas) y se documentó acerca de las habilidades financieras fundamentales; se familiarizó rápidamente con la terminología financiera básica y ahora es capaz de tomar buenas decisiones en ese campo. A través de contactos, encontró un contador bien dispuesto que le suministra la información que necesita, y le explica su significado.
- Puesto que no tiene más empleados que ella misma, consideró que podía posponer la adquisición de habilidades de manejo de personal, por lo menos durante un tiempo.

Preparación para la Práctica Personal #3: Clasificación de habilidades

Examine las habilidades que se requieren de cada geren-te. En la siguiente Práctica Personal tendrá oportunidad de identificar las habilidades con las que cuenta, así como las que es necesario mejorar.

Notas personales:

_____

_____

_____

_____

Práctica Personal #3
Clasificación de habilidades

Ahora que ya conoce las múltiples habilidades necesarias para dirigir un negocio, haga un análisis minucioso de su persona. ¿Qué sombreros podría ponerse cómodamente? ¿Cuáles tendrían que ajustarse? Use la escalera siguiente para clasificar sus habilidades de negocios; coloque sus áreas de mayor fortaleza en la parte baja de la escalera y las más débiles en la parte superior.

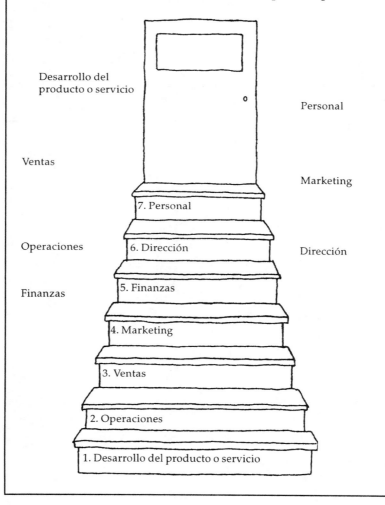

Desarrollo del producto o servicio

Personal

Ventas

Marketing

7. Personal

Operaciones   6. Dirección   Dirección

Finanzas   5. Finanzas

4. Marketing

3. Ventas

2. Operaciones

1. Desarrollo del producto o servicio

Práctica Personal #3
Clasificación de habilidades

Ahora que ya conoce las múltiples habilidades necesarias para dirigir un negocio, haga un análisis minucioso de su persona. ¿Qué sombreros podría ponerse cómodamente? ¿Cuáles tendrían que ajustarse? Use la escalera siguiente para clasificar sus habilidades de negocios; coloque sus áreas de mayor fortaleza en la parte inferior de la escalera y las más débiles en la parte superior.

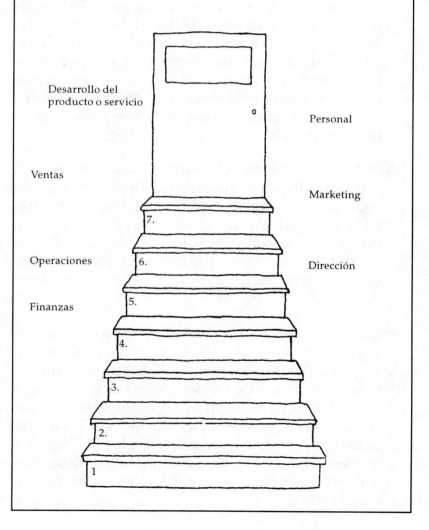

Dónde obtener ayuda

Una vez completada la Práctica Personal y habiendo elaborado una lista de las habilidades más importantes que deberá adquirir, ¿a quién recurrir en busca de ayuda?

Los **Centros para el Desarrollo del Pequeño Negocio (Small Business Development Centers, SBDC)** son patrocinados por la Small Business Administration (SBA) en asociación con gobiernos estatales y locales, la comunidad educativa y el sector privado. Estos centros proporcionan ayuda, asesoría y capacitación de calidad para propietarios de pequeños negocios en perspectiva y ya existentes. Existen más de 800 localidades de servicio en 50 estados y territorios de Estados Unidos. Consulte el directorio telefónico para localizar el SBDC más cercano.

Asociaciones del ramo. Existen más de 80 mil asociaciones locales o regionales de ramos particulares, las cuales constituyen la mejor fuente de recursos altamente específicos de capacitación e información. Busque su tipo de negocio en el *Small Business Sourcebook*. Vea la lista que Carmen Fuentes utilizó; es un buen ejemplo del valor del *Small Business Sourcebook*.

Establezca **redes o conexiones** con personas que están en el mismo barco que usted o que ya tienen un negocio. Quienes han manejado uno durante un año o dos están lo suficientemente cerca de su experiencia de arranque para mirarlo con simpatía, y lo bastante lejos para saber cuáles son los escollos que se deben evitar. ¿Cómo adquirieron las habilidades que necesitaban? ¿Qué le recomiendan? Estas personas constituyen una magnífica fuente de información local.

Librerías y bibliotecas. Busque en *Books in Print* los títulos que se refieran a su negocio. Toda librería cuenta con este recurso y le ayudará con mucho gusto. Su bibliotecario podrá encaminarlo hacia libros para estudiar por cuenta propia, libros de texto u otros materiales escritos que le pueden facilitar el aprendizaje de habilidades. Las escuelas locales (incluso las de nivel universitario y vocacionales técnicas) mantienen un catálogo actualizado y listas de cursos en la biblioteca local.

Servicios en línea (America On-Line, CompuServe, Prodigy, y otros). Tienen foros para pequeños negocios, algunos de ellos dedicados a habilidades específicas. Ofrecen un lugar para hacer preguntas, obtener información, conocer lo que está sucediendo en la clase de negocio que a usted le interesa, y una amplia gama de otras fuentes de información. Éste es un campo donde tendrá que ser competente, cualquiera que sea su negocio.

Las **revistas** proporcionan un medio para adquirir habilidades. *Inc.* e *In Business*, por ejemplo, publican columnas mensuales con regularidad y artículos ocasionales más grandes, cuyo propósito es ayudar a los lectores a aprender a dirigir mejor. Las revistas como *Home Office Computing* suministran instructivos más específicos: un número (por ejemplo) contenía un artículo para superar la sensación de aislamiento en un negocio que opera desde casa; otro artículo llamado "The Small Business Yellow Pages" incluía una útil lista de asociaciones de pequeños negocios, y un artículo adicional señalaba 14 fuentes de dinero en efectivo para el arranque.

Las **cámaras de comercio y las asociaciones regionales de negocios** patrocinan talleres y seminarios sobre habilidades de negocios específicas. Comience por su cámara de comercio local. Ahí lo pueden orientar a fuentes de apoyo de su localidad, que incluyen miembros dispuestos a ayudar a los nuevos propietarios de negocios a aprender las formas de dirigir un negocio con éxito. Ciertas cámaras cuentan con programas formales montados para proporcionar esta clase de provechosos enlaces, y se mantienen actualizadas respecto a programas de negocios en la comunidad.

La **Small Business Administration** tiene una buena cantidad de material que cubre habilidades básicas de negocios, casi todo gratuito o de bajo costo. La SBA patrocina cursos, talleres y seminarios de manera continua. Consulte el directorio telefónico para localizar la oficina más cercana.

Las **oficinas de desarrollo estatal (State Development Agencies)** se encargan de administrar los programas y políticas de desarrollo económico estatal. Ubicadas en diversos puntos de Estados Unidos y Puerto Rico, estas oficinas proporcionan asesoría, asistencia técnica y otros servicios para la expansión industrial, comercial y recreativa. Con acceso a diversos programas de financiamiento, las oficinas de desarrollo estatal trabajan en la promoción del desarrollo de nuevos negocios y también en el sostenimiento de los negocios existentes en el estado.

El **cuerpo de servicio de ejecutivos jubilados (Service Corps of Retired Executives, SCORE)**, patrocinado por la Small Business Administration de Estados Unidos, proporciona asesoría gratuita y talleres para pequeños negocios. Existen más de 500 secciones de SCORE en todo el país. Para mayor información, póngase en contacto con la oficina de la SBA más cercana y pregunte por SCORE.

Preparación para la Práctica Personal #4:
Cómo obtener ayuda

¿Dónde puede obtener ayuda? Use la Práctica Personal que sigue para identificar y establecer contacto con fuentes externas de autosuperación.

Vea cómo Carmen Fuentes llenó la forma en esta Práctica.

Notas personales:

_____

_____

_____

_____

Práctica personal #4
Cómo obtener ayuda

En la Práctica Personal #3 señaló las habilidades que le gustaría adquirir. Indique enseguida al menos dos de ellas y actúe al respecto. ¿Cómo puede obtener ayuda? ¿Va a conseguir un libro en la biblioteca, asistir a un taller, o hacer unas llamadas telefónicas? Use la lista de recursos que se muestra como guía para sus planes de obtención de ayuda.

Necesito ayuda en:	Marketing
Me pondré en contacto con estas fuentes:	**Notas:**
SBDC	Hay una clase a las 7:30 p.m. próx. jue.
Librería	Jaime S. tenía una sugerencia, llamar para preguntar título.
Necesito ayuda en:	Finanzas
Me pondré en contacto con estas fuentes:	**Notas:**
Universidad local	Curso de 6 semanas; comienza próx. mié. p.m.
Contador de Judith	444-3333 llamar para pedir ayuda

Práctica personal #4
Cómo obtener ayuda

En la Práctica Personal #3 señaló las habilidades que le gustaría adquirir. Indique enseguida al menos dos de ellas y actúe
al respecto. ¿Cómo puede obtener ayuda? ¿Va a conseguir un
libro en la biblioteca, asistir a un taller, o hacer unas llamadas
telefónicas? Use la lista de recursos que se muestra como guía
para sus planes de obtención de ayuda.

Necesito ayuda en:

Me pondré en contacto con   Notas:
estas fuentes:

Necesito ayuda en:

Me pondré en contacto con   Notas:
estas fuentes:

¿Con cuánto riesgo se siente usted cómodo?

Cualquiera que inicia un negocio corre riesgos. La pregunta es, ¿cuánto riesgo está usted dispuesto a aceptar?

Riesgos profesionales

Los riesgos profesionales son inmediatos. El tiempo que toma echar a andar un pequeño negocio se podría emplear para progresar en una carrera profesional más tradicional. El tiempo que usted dedica a luchar por su idea de negocio le puede costar una oportunidad de progreso en caso de volver a esa profesión, en especial si su desarrollo profesional anterior fue en una empresa grande.

Riesgos familiares

Una familia constructiva es una gran ayuda. Una familia que está enfadada y descontenta respecto a su empresa dificulta mucho más el éxito de la misma.

El esfuerzo y la preocupación que entraña el nacimiento de un nuevo negocio pueden introducir tensión en cualquier relación, y una mala relación no va a mejorar con la experiencia del arranque. Este proceso no unirá a su familia, a menos que sus miembros ya estén predispuestos a ayudarle a hacer realidad su sueño. Su familia necesita entender lo que el negocio exigirá de usted. Esto es algo que sólo usted y su familia pueden juzgar.

El grado de involucramiento personal y familiar en un pequeño negocio es difícil de apreciar de antemano. Los pequeños negocios de éxito son absorbentes. Verá usted que ser propietario de uno no trae consigo mucho tiempo libre de preocupaciones. Nada más lejos de eso. Los propietarios de pequeños negocios se los llevan consigo a casa, piensan constantemente en sus problemas y sueñan con ellos por la noche. Esta clase de compromiso puede causar todo tipo de dificultades domésticas, en especial si el ingreso que el negocio genera es irregular. Una familia constructiva puede aligerar las cargas que trae consigo la propiedad de un pequeño negocio.

Riesgos psicológicos

El nivel de compromiso con su negocio tendrá un efecto muy grande en su éxito. Eso significa que el negocio tiene que tener preferencia en relación con muchos de sus otros intereses, y esto es un factor que debe considerar con cuidado antes de dar el salto a ser propietario. Si valora su tiempo libre, serlo tal vez no sea su mejor opción. De manera similar, si desea libertad para dedicar tiempo a su familia, para actividades cívicas o religio-

Carmen no pensaba en sí misma como en alguien que corre riesgos. Cuando examinó objetivamente la clase de riesgos que iba a encarar y los clasificó en riesgos respecto a los cuales podía hacer algo y aquellos con los que tendría que vivir, descubrió que estaba más dispuesta a correr riesgos de lo que había pensado. Y no eran tan malos después de todo.

Su preocupación principal era que iba a descuidar sus obligaciones familiares, así que habló de ello con su esposo y sus hijos. Entre todos idearon un horario que satisfacía los intereses de todos y le aseguraba que su familia no la apoyaría a regañadientes, sino de manera entusiasta.

Las actividades familiares y comunitarias, como la de ser guía de cubil en un grupo de lobatos, ocupan un lugar preponderante en la lista de Carmen Fuentes. Ella quiere estar segura de tener tiempo suficiente para dedicarlo tanto a su negocio como a su vida personal. Esto va a ser más difícil durante las fiestas navideñas y de primavera, cuando las demandas sobre su tiempo se elevan al máximo.

sas, para cultivar una afición, o incluso para tomar vacaciones, piénselo dos veces antes de comprometerse. Si trabaja para alguien más, al menos (por lo general) puede desentenderse de sus problemas al llegar a casa, esperar los días de descanso y tener una idea bastante clara del tiempo que le pertenece a usted y del que es del negocio.

La capacidad para autodisciplinarse y fijar prioridades en el uso de su tiempo tiene una importancia crítica. Cuando trabaja para otra persona, recibe órdenes, es decir, se le fijan las prioridades. Cuando dirige su propio negocio, usted tiene que decidir no sólo qué hacer y de qué manera, sino cuándo hay que hacerlo. Y luego poner manos a la obra. Una de las sorpresas más duras con las que se topan los refugiados corporativos que se convierten en propietarios de un negocio es que ya no cuentan con una estructura en la cual trabajar, sino que deben crear la propia. Esto es doblemente difícil si han trabajado con éxito dentro de una estructura corporativa: los premios e incentivos con que se les motivaba como empleados ahora tienen que ser autoadministrados, lo cual puede desorientar y, en ciertos casos, puede ser abrumador.

El compromiso, la autodisciplina y el éxito son inseparables desde otros puntos de vista más sutiles. La definición del éxito cambia a medida que se avanza. Como estudiante, el éxito se define en términos del rendimiento académico y probablemente extracurricular. El fracaso es medido por las mismas personas. Como empleado, el éxito implica por lo regular recibir palmaditas en la espalda y obtener ascensos por desempeñar bien el puesto asignado. Una mejor paga o una compensación de fin de año, además de prestaciones adicionales como auto de la compañía o una oficina en esquina se consideran elementos fundamentales del éxito. En ambos casos, una autoridad determinada otorga las recompensas: un profesor, un entrenador o director, un jefe, un

patrón. Pero en su propio negocio, usted se convierte sú-
bitamente en su propia autoridad recompensadora: el profesor, el entrenador, el jefe y el patrón. En muchos casos, el
éxito en un pequeño negocio significa tener la capacidad
de pagar la nómina, o adquirir capital, o, simplemente,
sobrevivir para enfrentar una crisis económica más. Sus
recompensas se hacen más internas, menos patentes. Ello
puede ocasionar confusión, y para algunas personas la falta
de retroalimenación por parte de un superior "objetivo" es
motivo de un profundo desconcierto. No sólo deberá re-
compensarse usted mismo, también tiene que autodisciplinarse, y las pautas son algo borrosas.

Puede ser difícil percibir los límites que lo separan
a usted de su negocio. Una razón de que no existan rece-
tas para el éxito de un pequeño negocio puede ser que
los niveles de involucramiento personal en él varían
ampliamente de una persona a otra. A manera de analo-
gía, muchos querrían ser escritores y cosechar los beneficios financieros de, por ejemplo, Stephen King. Pero
pocos están dispuestos a invertir el tiempo y el esfuerzo
que toma ser un autor de éxito. Lo mismo se aplica a
cualquier campo del esfuerzo humano. Casi todos los
propietarios de un pequeño negocio tienen una idea clara de lo que se requiere para triunfar, pero pocos están
dispuestos a hacer lo que el éxito exige.

Riesgos y recompensas

Los riesgos y recompensas más obvios vienen por parejas: el riesgo de quebrar se compensa con la posibilidad
de ganar mucho dinero. Ser usted su propio jefe tiene
como contraparte el hecho de que el negocio y los mercados gobiernan su vida. La emoción de poner a prueba
sus ideas se contrapone a la posibilidad muy real de que
las mismas no pasen la prueba del mercado.

Preparación para la Práctica Personal #5: Riesgos y recompensas

Considere los riesgos que tendrá que enfrentar si inicia un negocio propio. Haga una lista de esos riesgos en la siguiente Práctica Personal, y luego examine la lista preguntándose cuáles son de consideración y cuáles no. Vea si puede eliminar o reducir un riesgo aparente mediante el estudio o el desarrollo de una habilidad.

Pondere también las recompensas que espera recibir de su negocio y enumérelas. ¿Pesan más las recompensas potenciales que los riesgos que tendrá que encarar?

Una forma de garantizar objetividad en este proceso es hacer que alguien cercano a usted ejecute el mismo ejercicio. Al comparar notas, conseguirá dos cosas: primero, podrá compartir sus preocupaciones y analizar maneras de manejar el riesgo; segundo, podrá confrontar con la realidad las recompensas previstas.

Práctica Personal #5:
Riesgos y recompensas

Complete esta Práctica enumerando todos los riesgos y recompensas que pueda imaginar para las cuatro categorías indicadas. Habiendo elaborado sus listas, revíselas. ¿Cuáles son los riesgos que más le preocupan? Piense cómo podría reducirlos.

	Riesgos:	Recompensas:
Profesionales	Dejar la seguridad y la cobertura completa de seguros	Ser autoempleada. Seré mi propio jefe.
Familiares	Pasar tiempo lejos de mi familia, en especial los fines de semana	La familia piensa trabajar conmigo los fines de semana: ¡trabajo en equipo!
Psicológicos	¡Más preocupaciones y tensión!	Sentirme bien conmigo misma. Autoestima alta.
Financieros	Menos ingresos (inicialmente)	Con suerte el negocio será lucrativo (más dinero en la cartera).

Es conveniente hacer una copia de esta Práctica y pedir que alguien cercano a usted la complete. Después, comparen sus conclusiones y compartan los resultados.

Práctica Personal #5:
Riesgos y recompensas

Complete esta Práctica enumerando todos los riesgos y recompensas que pueda imaginar para las cuatro categorías indicadas. Habiendo elaborado sus listas, revíselas. ¿Cuáles son
los riesgos que más le preocupan? Piense cómo podría reducirlos.

	Riesgos:	Recompensas:
Profesionales		
Familiares		
Psicológicos		
Financieros		

Es conveniente hacer una copia de esta Práctica y pedir que
alguien cercano a usted la complete. Después, comparen sus
conclusiones y compartan los resultados.

Reduzca los riesgos

Si ya tiene una idea clara del negocio que desea iniciar, la mejor manera de reducir los riesgos consiste en trabajar para alguien más que tenga un pequeño negocio del mismo tipo. Trabajar para otra persona es la mejor manera de adquirir experiencia.

Haga lo posible por encontrar un empleo en su industria o en una que sea afín. Suponga, por ejemplo, que desea explorar el negocio del *software*. Puede trabajar con alguien que se dedique al desarrollo de *software*, con un distribuidor, o con un minorista (según el área que le resulte más atractiva), y piense en pasar ahí el tiempo necesario para aprender acerca de la industria. Quizá no encuentre exactamente lo que desea, pero puede comenzar por averiguar cuáles son sus opciones.

Nada hay que pueda sustituir al pago de esta cuota. Luego de estar unos meses en cualquier negocio, usted comenzará a absorber información respecto al mismo de manera inconsciente: lo que tiene de bueno, lo que constituye un fastidio, cuáles son los problemas y soluciones usuales.

Su educación es parte de su experiencia; también lo son sus experiencias laborales, y cuanto antes pueda fijar como objetivo esas experiencias de trabajo, mejor.

Estados financieros personales

Palabra clave

Los *riesgos financieros* se pueden medir. Usted puede examinar sus finanzas personales y hacer una buena estimación de cuánto está dispuesto, o en condiciones, de arriesgar en su pequeño negocio. Necesitará **estados financieros** personales (un balance general y una declaración de ingresos) para apoyar las solicitudes de crédito.

¿Por qué debe elaborar estados financieros personales en este punto? Porque necesita disponer de respuestas directas y sustentables a tres preguntas de vital importancia:

1. ¿Cuánto dinero podrá aportar a su negocio? Las 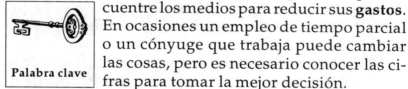 fuentes son varias: el efectivo y la conversión de **activos** en efectivo pueden aportar parte del dinero para el arranque; otra parte puede provenir del uso de sus activos para garantizar un crédito bancario.

   Palabra clave

2. ¿Cuál es su presupuesto básico para vivir? En otras palabras, ¿cuánto dinero necesita que ingrese de todas las fuentes para cubrir sus necesidades básicas?

3. ¿Generará su negocio dinero suficiente para satisfacer sus necesidades personales y las del negocio, que no estén cubiertas por otras fuentes de ingreso? Si la respuesta es no, entonces es preferible que examine de nuevo sus planes o que encuentre los medios para reducir sus **gastos**. En ocasiones un empleo de tiempo parcial o un cónyuge que trabaja puede cambiar las cosas, pero es necesario conocer las cifras para tomar la mejor decisión.

   Palabra clave

Sus estados financieros reflejan su situación actual, y se convierten en la base para proyectar lo que será su situación financiera una vez que su negocio esté funcionando. Sus ingresos, gastos, activos y pasivos proyectados le ayudan a medir el riesgo y los costos de montar un negocio.

Preparación para la Práctica Personal #6:
Estados financieros

Los estados financieros personales son algo que usted ya conoce. Tuvo que llenar un estado financiero personal la última vez que solicitó un crédito. Incluso una solicitud de tarjeta de crédito lo requiere. No es difícil llenarlos si se procede con paciencia y renglón por renglón.

En la Práctica Personal que sigue, tendrá la oportunidad de elaborar un estado financiero personal. También le será útil ver cómo elaboró el suyo la empresaria Carmen Fuentes.

Práctica Personal #6
Estados financieros

Ingresos

Analice en detalle sus ingresos actuales, con los que está acostumbrado a vivir. Es probable que sus ingresos totales bajen un poco durante el primer año de su negocio, pero pueden bajar más de lo que espera si una parte significativa de ellos la recibe en forma de sobresueldos y comisiones provenientes de su empleo actual.

Ingreso anual	Cantidad ($)
Salario	$ 200
Sobresueldos y comisiones	
Ingresos por arrendamiento	
Ingresos por intereses	
Ingresos por dividendos	
Ganancias de capital	
Ingresos por sociedades	
Ingresos por otras inversiones	
Otros ingresos (enumere)**	
Ingreso total	

Es peligroso depender de un pequeño negocio nuevo como fuente principal de ingresos, pues es muy poco probable que éste sea capaz de sostenerlo en sus etapas iniciales.

Gastos

Sus gastos actuales son un reflejo de su nivel actual de ingresos. A medida que el ingreso baja, también se reducen algunos gastos: los impuestos sobre la renta, estatales y federales, por ejemplo, se basan en lo que usted gana efectivamente. Analice esta lista con cuidado para ver dónde puede eliminar gastos innecesarios y también para identificar aquellos que pueden subir. Si ha gozado del beneficio de un seguro médico pagado por un patrón, ¿tendrá que buscar ahora una nueva cobertura? ¿Cuál será el costo?

Gastos anuales	Cantidad ($)
Pagos de hipoteca/Alquiler de vivienda	
Impuestos	
Estatales/Federales sobre la renta	
Predial	
Otros	
Seguros	
Médico	
Vivienda	
Automóvil	
Vida	
Pago de automóvil	
Pago de otros créditos	
Teléfono	
Gas/Electricidad	
Eliminación de desperdicios	
Pensión aliment./Manutención hijos	
Gastos de educación	
Gastos médicos/dentales	
Gastos de automóvil	
Alimentos	
En casa	
Fuera de casa	
Ropa	
Operaciones/Provisiones domésticas	
Recreación y entretenimiento	
Ahorros e inversiones	
Contribuciones en efectivo	
Otros gastos	
Gastos totales	

Es más fácil controlar los gastos (el dinero que sale) que los ingresos. Si espera que su ingreso descienda tendrá que recortar gastos para salir adelante. Los funcionarios bancarios analizarán en detalle sus gastos personales antes de decidir otorgarle un crédito; no les interesa financiar un estilo de vida sustentado por un ingreso mayor que el que el negocio (más otras fuentes de ingresos) es capaz de generar.

Activos

Palabra clave

Ciertos activos se pueden emplear como **garantía colateral** de créditos, o se pueden integrar al negocio como parte de su inversión en capital. Las sillas, escritorios y libreros, por ejemplo, se pueden usar como muebles de oficina. El equipo mecánico usado en una afición se puede poner a trabajar en la fabricación de un producto. Esto varía de un negocio a otro. Sea lo más específico que pueda al elaborar su lista de propiedades personales y "otros activos".

Activos	Cantidad ($)
Efectivo en el banco (incluye cuentas en el mercado monetario y documentos)	
Títulos fácilmente negociables	
Títulos no fácilmente negociables	
Cuentas y documentos por cobrar	
Valor neto de rescate al contado de seguros de vida	
Bienes raíces residenciales	
Inversiones en bienes raíces	
Propiedades personales (incluyendo automóvil)	
Otros activos (enumere:)	
A: Activos totales	

En el Paso 4 volveremos a sus finanzas personales como fuente de dinero para su negocio, así que sea lo más específico que pueda al llenar estas formas.

Pasivos

Palabra clave

Una lista de sus **pasivos** (lo que debe) le ayudará a evaluar la fortaleza de la posición de su garantía colateral. Los activos que son enteramente suyos, libres de gravámenes, tienen más probabilidades de ser aceptables para el banco que los activos cargados de deudas.

Observe que para ciertas deudas se podría modificar el plan de pago, lo que a su vez podría reducir sus gastos a un nivel más cómodo.

Pasivos	Cantidad ($)
Documentos por pagar al banco	
Con garantía	
Sin garantía	
Documentos por pagar a terceros	
Con garantía	
Sin garantía	
Cuentas por pagar (incluyendo tarjetas de crédito)	
Cuentas de margen	
Documentos por pagar: sociedad	
Impuestos por pagar	
Deuda hipotecaria	
Préstamos del seguro de vida	
Otros pasivos (Enumere)	
Pasivos totales	
A: Activos totales	
B: Pasivos totales	
(A - B): Valor neto	
	$

Su Valor Neto, lo que queda luego de restar los pasivos a los activos, será un factor en las decisiones de crédito. Un valor actual negativo no es una buena forma de iniciarse en los negocios: significa que usted debe más de lo que tiene, lo cual, a su vez, puede ahuyentar a los proveedores lo mismo que a los banqueros.

Carmen desea poner a prueba su propio crédito y no depender del de otras personas, así que no ha incluido el ingreso de su esposo en los estados financieros. Ha incluido su participación en las cuentas según lo que ella y su esposo acordaron; es decir, paga la mitad de la hipoteca, la mitad del impuesto predial y su parte de los gastos de casa. Si ella se dedica al negocio de tiempo completo, no recibirá su salario actual de $12,300 anuales; podría ganar más dinero, o podría ganar menos. En esta etapa, no lo sabe.

Ingreso anual	Cantidad ($)
Salario (actual)	$12,300
Sobresueldos y comisiones	
Ingresos por arrendamiento	
Ingresos por intereses	300
Ingresos por dividendos	1,400
Ganancias de capital	
Ingresos por sociedades	
Ingresos por otras inversiones	
Otros ingresos (enumere)**	
Tienda de ropa	5,200
Ingreso total	$19,200

Gastos anuales		Cantidad ($)
Pagos de hipoteca/Alquiler de vivienda		$3,200
Impuestos	Estatales/Federales sobre la renta	1,700
	Predial	2,200
	Otros	450
Seguros		
Médico		0
Vivienda		400
Automóvil		400
Vida		0
Pago de automóvil		1,620
Pago de otros créditos		0
Teléfono		360
Gas/Electricidad		600
Eliminación de desperdicios		120
Pensión alimenticia/Manutención de los hijos		0
Gastos de educación		0
Gastos médicos/dentales		1,200
Gastos de automóvil		0
Alimentos	En casa	1,200
	Fuera de casa	300
Ropa		300
Operaciones/Provisiones domésticas		200
Recreación y entretenimiento		200
Ahorros e inversiones		200
Contribuciones en efectivo		50
Otros gastos		50
Gastos totales		$7,375

Carmen tiene un Valor Neto de $101,550, pero una gran parte de él no está disponible. Sus títulos ($11,500 en total) representan un ahorro para la educación de sus hijos. No desea tocar esta reserva, pero está disponible si llega a necesitarla. Su SEP/IRA sería gravado y se reduciría si lo hiciera efectivo. Carmen tiene también $3,750 en efectivo en el banco; cuenta con $4,800 en equipo que piensa aportar al negocio, y dispone de $35,000 por el **capital contable** o **propiedad neta** de su casa, la cual podría representar una fuente de efectivo por medio de un crédito sobre el valor líquido de la casa o una segunda hipoteca.

Activos	Cantidad ($)
Efectivo en el banco (incluyendo cuentas en el mercado monetario y documentos)	$3,750
Títulos fácilmente negociables	11,500
Títulos no fácilmente negociables	
Cuentas y documentos por cobrar	
Valor neto de rescate al contado de seguros de vida	
Bienes raíces residenciales	
Inversiones en bienes raíces	100,000
Propiedades personales (incluyendo automóvil)	50,000
Otros activos (enumere)	
SEP/IRA	12,000
Equipo	4,800
A: Activos totales	$182,050

Pasivos	Cantidad ($)
Documentos por pagar al banco	
Con garantía	$3,100
Sin garantía	
Documentos por pagar a terceros	
Con garantía	
Sin garantía	
Cuentas por pagar (incluyendo tarjetas de crédito)	AL CORRIENTE
Cuentas de margen	
Documentos por pagar: sociedad	
Impuestos por pagar	3,200
Deuda hipotecaria	65,200
Préstamos de seguro de vida	
Otros pasivos (enumere)	
Automóvil/crédito	9,000
A: Activos totales	182,050
B: Pasivos totales	80,500
(A - B): Valor Neto	$101,550

Metas personales: ahora y para el futuro

Sus metas *personales* son un factor importante para tomar la decisión de poner un negocio, dado que es posible que éste le dificulte alcanzar sus metas y sostener sus valores.

Pregúntese: "¿Qué me gustaría estar haciendo dentro de cinco años?". En cinco años quizá desee abrir otra tienda, jubilarse, dirigir un despacho mucho más grande o dedicar su tiempo a la investigación. Lo que sea. Use la prueba de los cinco años para entender mejor lo que le gustaría hacer.

Si está trabajando para alcanzar una meta, será más fácil manejar las frustraciones cotidianas de la vida de un pequeño negocio. El horizonte de cinco años también ayuda a definir algunos parámetros y un plan para alcanzarlos. Tal vez desee pasar más tiempo con su familia, realizar trabajo comunitario, o alguna otra actividad distinta de los negocios. Eso está bien: la capacidad para buscar esas metas a través de un negocio propio es una de las motivaciones más poderosas y satisfactorias que es posible imaginar.

Preparación para la Práctica Personal #7: Metas personales

En la Práctica siguiente realizará un ejercicio de metas personales. Establezca sus metas para el año próximo y también para los próximos cinco años. Mientras trabaja en la Práctica, tenga en mente esta pregunta: ¿interferirá el desarrollo de mi idea de negocio con mis metas personales?

Notas personales:

_____

_____

_____

Nota importante

Antes de decidirse a arriesgar su casa, el dinero de su jubilación o sus ahorros para la educación de sus hijos, deténgase y piense en el tiempo que le tomó ahorrar ese dinero.

Práctica Personal #7
Metas personales

Anote sus metas personales para el próximo año y para los cinco años siguientes. No dedique mucho tiempo a pensar en ello. Más adelante podrá volver a esta Práctica y hacer cambios. Si pone sus metas por escrito no sólo reflexionará más en ellas, sino que además las tomará más en serio.

Piense en estas metas como una obra en desarrollo. Usted se fijará otras metas, tendrá otros intereses y modificará sus metas iniciales. Este primer vistazo le proporciona una base sobre la cual podrá construir.

Mis metas a cinco años	Financieras	Liberarme de deudas. Ahorrar $ para la universidad
	Con la familia y los amigos	Tiempo/ayuda en casa para aminorar mi carga de trabajo... ¡nada de vacaciones!
	Sociales y comunitarias	Inscribirme en la Cámara de Comercio local... ¡participar!
	Salud y condición física	Bajar 8 kg y continuar con mi programa de ejercicio
	Desarrollo personal	Más cursos en la universidad... ¿quién sabe?
Metas para el año próximo	Financieras	Atender de dos a tres bodas por mes. Cubrir mis gastos.
	Con la familia y los amigos	Seguir siendo líder de cubil de Daniel en los Scouts
	Sociales y comunitarias	Continuar compartiendo la dirección de la recaudación de fondos para el escenario de la banda local
	Salud y condición física	Inscribirme en un gimnasio y ejercitarme tres veces por semana
	Desarrollo personal	Tomar un curso de finanzas de seis semanas

Práctica Personal #7
Metas personales

Anote sus metas personales para el próximo año y para los cinco años siguientes. No dedique mucho tiempo a pensar en ello. Más adelante podrá volver a esta Práctica y hacer cambios. Si pone sus metas por escrito no sólo reflexionará más en ellas, sino que además las tomará más en serio.

Piense en estas metas como una obra en desarrollo. Usted se fijará otras metas, tendrá otros intereses y modificará sus metas iniciales. Este primer vistazo le proporciona una base sobre la cual podrá construir.

Mis metas a cinco años	Financieras	*PAGAR LA DEUDA Y HAURRAR PARA COMPRAR EL LOCAL O UNA CASA*
	Con la familia y los amigos	*TIEMPO CON MI FAMILIA, VACACIONES 2 VECES POR AÑO, ARREGLAR MI CACSA*
	Sociales y comunitarias	*SOCIO DE LAS DIFERENTES ASOCIASIONES*
	Salud y condición física	*HACER EJERCICIOS 1 HORA DIARIO*
	Desarrollo personal	*TOMAR CURSOS Y CONFERENCIAS.*
Metas para el año próximo	Financieras	*PAGAR EL 80% DE MI CREDITO*
	Con la familia y los amigos	*CONVIVIR CON ELLOS*
	Sociales y comunitarias	*BUSCAR ASOCIACIONES*
	Salud y condición física	*1 HORA DE EJERCICIOS*
	Desarrollo personal	*TOMAR CURSOS*

Ha completado el Paso 1

El Paso 1 le ha enseñado que todo tipo de personas tienen éxito como propietarios de un pequeño negocio, y usted puede ser una de ellas.

Ha clasificado las habilidades de negocios que necesita fortalecer y ha aprendido a obtener ayuda cuando la necesita.

Ha reflexionado acerca de cómo le afectarán las principales categorías de riesgos (profesionales, familiares, psicológicos y financieros).

Ha examinado su situación financiera personal, considerando los cambios que traerá consigo iniciar su negocio: menos ingresos, gastos más bajos, algunos activos convertidos en efectivo o comprometidos como garantía.

Ha elaborado una lista de sus metas personales para tener una idea de dónde podrían surgir conflictos si usted iniciara un negocio.

Este primer paso le permite arrancar con el pie derecho. Los pequeños negocios que triunfan no lo hacen por accidente, sino porque el propietario y el negocio concuerdan: sus metas e intereses serán los correctos para su negocio si usted hace que así sean. Hay otro ajuste importante entre sus recursos y el tamaño más apropiado de su negocio. Cuanto más abundantes sean los recursos financieros de que dispone, mayor será el tamaño de su negocio. No "se necesita dinero para hacer dinero" en el sentido de que sea indispensable tener un año de salario en el banco y que todos los activos de la empresa sean suyos sin restricción antes de empezar, pero la falta de capital es un asesino de pequeños negocios. Y la mayor parte de ese capital proviene de usted, de un modo u otro.

Ahora continuará con el Paso 2, contando con:

Estados financieros que le ayudarán a analizar objetivamente sus necesidades de ingreso y su Valor Neto establecido.

Un programa de aprendizaje para ayudarle a satisfacer sus necesidades de manera planificada.

Recursos para adquirir y afinar sus habilidades de negocios.

Use esta lista de comprobación para verificar su avance hasta este punto de la guía. Marque los puntos que ha completado. Le conviene regresar a realizar las actividades que haya pasado por alto.

Paso 1
Lista de comprobación personal

❑   Me he formado una imagen del negocio en el que deseo participar (Práctica Personal #2).

❑   He armado una carpeta de tres argollas para mi recopilación de notas e ideas.

❑   He comenzado a obtener ayuda en las áreas de habilidades que identifiqué como mis "puntos débiles" (Prácticas Personales #3 y #4).

❑   He sopesado los riesgos y recompensas de ser dueño de mi propio negocio y he comentado mis preocupaciones con alguien cercano a mí (Práctica Personal #5).

❑   He elaborado mi estado financiero (Práctica Personal #6).

❑   He completado una Práctica de metas personales con el propósito de establecer metas para este año y también para los próximos cinco años (Práctica Personal #7).

¿ES RAZONABLE SU IDEA COMO NEGOCIO?

Todos los negocios de éxito (es decir, los que son suficientemente rentables para continuar operando y satisfacer las expectativas financieras del propietario) se construyen con base en tres bloques: Concepto, Clientes y Efectivo. Para que su empresa prospere, usted necesita una buena idea de negocio, un mercado receptivo y el efectivo suficiente para echarla a andar con el pie derecho.

 Su Concepto, esto es, su idea de negocio, tiene que ser sólido y razonable como negocio. El Paso 2 le ayudará a determinar si lo es. Comience por explicar cuál es su idea. Si es buena, podrá hacerlo con claridad; de hecho, cuanto mejor es la idea, más fácil resulta explicarla a los inversionistas, proveedores, empleados y demás partes interesadas. Es muy probable que una idea que es difícil de explicar adolezca de serios problemas.

Cuando haya completado el Paso 2, usted:

- Entenderá cómo puede desarrollar ideas de negocios.
- Conocerá los elementos de una descripción clara de un negocio.
- Podrá especificar cuál va a ser su ventaja competitiva.
- Distinguirá una buena idea de una mala.
- Podrá explicar por qué su idea de negocio va a tener éxito.

¿De dónde vienen las ideas de negocios?

Según la revista *Inc.* (enero de 1993, pp. 72 y ss.), las grandes ideas provienen de grupos de compañeros, mentores, visitas a otras compañías, la propia libreta personalizada donde usted guarda recortes y escribe notas e ideas a medida que se le ocurren, conferencias industriales, competidores, clientes y buzones de sugerencias y bases de datos de las compañías.

Muchas ideas de negocios se derivan de la propia experiencia y observaciones: lecturas, viajes y, en general, de mantener los ojos abiertos en busca de negocios en los que uno podría estar interesado. Existen libros y revistas que ofrecen listas de posibles negocios, artículos periodísticos acerca de los que resultan interesantes o rentables, y programas de radio y televisión enfocados a nuevas oportunidades de negocios. Lleve un registro de las ideas que le resulten más atractivas.

Es importante elegir entre más de un negocio potencial, en parte como protección contra una decisión apresurada. Cuanto más busque y más reflexione acerca de posibles negocios en los que podría participar, más ideas se le ocurrirán. Una de estas nuevas ideas podría ser la que ha estado buscando.

Nota importante

Un estudio realizado en 1993 por la National Federation for Independent Business (NFIB) argumenta que las ideas de negocios de éxito provienen principalmente de la experiencia.

¿De dónde provienen las ideas de negocios?

Casi todas nacen del trabajo o de una afición

Fuentes de ideas de nuevos negocios en hombres y mujeres

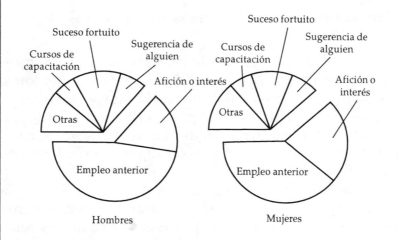

Cooper, Arnold C. *et al.*, *New Business in America*, NFIB Foundation, VISA Business Card Primer, 1990.

Empleos anteriores

Más del 50 por ciento de los hombres y más del 26 por ciento de las mujeres conciben sus ideas de negocios a partir de su experiencia previa en dicha área. Esto no debería sorprender a nadie. Si usted participa activamente en una profesión o un negocio, se dará cuenta de las oportunidades que existen en su campo más pronto que alguien que no está familiarizado con él. Por ejemplo, no es sorprendente que las compañías farmacéuticas tiendan a ser fundadas por médicos o las compañías manufactureras por ingenieros. La Cabletron fue fundada por dos vendedores de servicios por cable cuyos clientes demandaban algo que su compañía de servicios por cable no suministraba. La Paychex fue iniciada por Tom Golisano, quien adquirió su experiencia en la ADP, el proveedor más grande de servicios de nómina. La ADP rehusó entrar en lo que Tom consideraba un nicho de mercado rentable, los pequeños negocios, de modo que éste fundó una compañía para explotar su visión. Golisano creó el segundo proveedor más grande de servicios de nómina en Estados Unidos.

Aquí existe un peligro. Si lo han despedido porque su industria se está encogiendo, iniciar un negocio en la misma área podría ser aventurado. Es tentador seguir con el negocio que uno conoce, pero no siempre es la decisión más inteligente.

Es poco probable que Felipe Téllez echara a andar su editorial de libros en tipo grande si no hubiera tenido experiencia en esa industria. Los años durante los cuales fue presidente de GC Herrera, en esa época la editorial líder en tipos grandes, lo prepararon para identificar una importante oportunidad de mercado.

La idea inicial de Elena Rodríguez surgió directamente de su experiencia como capacitadora en computación. Ella dedicó más de veinte años a ayudar a que otras personas se sintieran cómodas utilizando computadoras en áreas tan diversas como el procesamiento de textos, CAD/CAE y elaboración de presentaciones. Elena pudo comprobar, a través de sus lecturas e investigaciones telefónicas, que la demanda por los programas de enseñanza en el manejo de computadoras iba creciendo en la industria privada. Puesto que ella había hecho una carrera en el desarrollo y conducción de programas similares para el gobierno, sabía que contaba con la capacidad técnica y que podía transferir dicha capacidad a un mercado corporativo. Se había mantenido en contacto con varios de sus alumnos, quienes ahora trabajaban en grandes compañías, y esperaba que ellos le proporcionarían referencias y contactos para ayudarla a comercializar su servicio de capacitación.

Aficiones o intereses especiales

El 15 por ciento de los hombres y el 25 por ciento de las mujeres se iniciaron en un pequeño negocio propio partiendo de una afición o un interés especial. Esto tampoco es sorprendente. Los negocios de éxito tienden a reflejar los intereses del dueño, y una medida infalible de un interés es la disposición a dedicar tiempo a cultivarlo.

Un entusiasta del buceo, por ejemplo, podría abrir un negocio que proveyera entrenamiento y equipo de buceo a otros aficionados a esa actividad. La Apple Computer fue fundada en una cochera tradicional por dos aficionados a las computadoras, Steve Jobs y Steve Wozniak.

 La idea de David Campos de una tienda especializada en vinos tuvo su origen en sus aficiones. Le gusta viajar (¿a quién no?), disfruta los buenos vinos y el aura en torno a ellos. Es un enófilo: un amante de los vinos que se suscribe a revistas especializadas y acude a degustaciones sin tener en cuenta qué otra cosa ocurra en su vida.

Las ideas de Laura Castillo respecto a diseñar y vender ropa para niños reflejan sus intereses especiales. Ella está muy convencida de sus productos por ser a la vez madre, diseñadora de tiempo parcial y consumidora. Su interés por los problemas maternales e infantiles data de mucho tiempo atrás; en consecuencia, piensa emplear parte de sus ganancias en ayudar a estas causas.

Otras fuentes de ideas de negocios

La educación, la casualidad, "la sugerencia de alguien" y "otras" fueron las respuestas del resto de los propietarios de negocios interrogados en el estudio de la NFBI. Como señalara alguna vez Thomas Edison, "La suerte favorece a la mente preparada". Su educación puede llevarle a una gran idea de negocio: piense en los estudios de casos que ha leído, las discusiones en clase acerca de distintos negocios, o los conferencistas invitados que hablaron del progreso de sus negocios. Cualquiera de estos factores puede provocar que surja una idea de negocio viable; su experiencia y habilidades serán la yesca. Se han citado como fuentes la casualidad, la suerte, la sugerencia de un amigo respecto a considerar tal o cual negocio, o el "simplemente se me ocurrió", pero sería tonto depender de esta clase de buena suerte. En todo caso, mejor compre un billete de lotería, de esa manera sólo se arriesga a perder unos centavos.

Los Serdán tenían una casa que se podía aprovechar como posada, y se dieron cuenta de cómo podían utilizar sus pórticos cubiertos, su jardín y el área de la alberca para bodas, retiros y otros eventos de gran magnitud.

Preparación para la Práctica Personal #8: Mi lista de "Sí" y "No"

Si piensa que su lista de ideas de negocios es demasiado corta o limitante, visite su biblioteca y examine copias de revistas como *Inc.*, *Entrepreneur*, *In Business* y *Business Week*. Hojee revistas de negocios en general, como *Forbes* y *Fortune*. Revise las secciones de negocios de los diarios de las grandes ciudades y el *Wall Street Journal*. Pregunte al bibliotecario acerca de otras fuentes: libros, bases de datos, "informes especiales" y monografías.

El territorio conocido, como las aficiones y los empleos previos, también puede ser una fuente magnífica de ideas. Las ideas de negocios suelen partir de aficiones o anteriores experiencias profesionales.

Utilice la Práctica Personal siguiente como ayuda para comenzar a reducir su lista de ideas de negocios. Seleccione las ideas que le agradan y borre las que sabe que no funcionarán en su caso.

- Haga una lista de cinco negocios en los que le gustaría participar. Deje en libertad su imaginación: si piensa que sería divertido dirigir un teatro, o tener una tienda que sirva como lugar de reunión de la comunidad, o convertir su afición en un negocio, perfecto. Su objetivo en este caso es continuar con el proceso de entender lo que le gustaría hacer.

- Haga una lista de cinco negocios en los que usted sabe que no querría participar. En ocasiones, saber lo que definitivamente no deseamos hacer ayuda a averiguar qué es lo que sí querríamos hacer.

- Si ya tiene una idea, piense en negocios afines que podrían satisfacer sus metas si su primera opción no resulta.

Notas personales:

_____

_____

_____

_____

_____

Nota importante

Cuando visite su biblioteca o el Small Business Development Center local, busque una copia de *The Small Business Sourcebook*. Esta obra en dos tomos le orientará hacia información prácticamente ilimitada acerca del pequeño negocio de su preferencia. Si bien no aparecen todos estos negocios (no encontrará Ropa para niños: diseño y manufactura), la mayoría sí está. El libro proporciona información sobre asociaciones del ramo, asesores, seminarios, publicaciones y revistas. Es una herramienta infalible. Por ejemplo, tiene seis páginas dedicadas a tiendas de vinos y quesos, veinte páginas a editoriales, cinco páginas a asesoría. Y eso es sólo el principio.

Práctica Personal #8
Mi lista de "Sí" y "No"

¿En qué negocio se imagina usted? ¿En cuál no desea participar? Haga una lista de negocios para cada encabezado que
aparece a continuación. Cuando haya completado sus listas,
analice minuciosamente la de "Sí quiero". Ésta le servirá como
guía cuando continúe explorando ideas de negocios que sean
idóneos para usted.

Negocios

SÍ quiero participar en: NO quiero participar en:

1. _____   1. _____

   _____   _____

2. _____   2. _____

   _____   _____

3. _____   3. _____

   _____   _____

4. _____   4. _____

   _____   _____

5. _____   5. _____

   _____   _____

¿Cuáles son las oportunidades?

Existen abundantes oportunidades de negocios pequeños allá afuera. De hecho, en esta era de rápidos cambios tecnológicos y desplazamientos económicos, hay más oportunidades que nunca para los propietarios de negocios de este tipo.

Patrones de empleo cambiantes

Las reducciones de tamaño, la reingeniería y el aprovisionamiento externo están teniendo un impacto dramático en los patrones de empleo. La gerencia media se ha visto fuertemente afectada, lo mismo que los trabajadores no capacitados. En el primer caso, el uso extenso de tecnologías de computación y comunicación ha hecho posible conseguir, con equipos pequeños, lo que antes requería un número considerable de personas de alto nivel educativo y bien capacitadas. En el segundo caso, la robótica y una planificación más eficaz del trabajo (que incluye modalidades de dirección como el control de inventarios justo a tiempo) han hecho posible que un número menor de personas produzcan mucho más de lo que era factible antes. Si bien las consiguientes mejoras en productividad benefician a la sociedad en conjunto, los efectos sobre los trabajadores de línea de ensamble han sido casi catastróficos.

Una economía basada en los servicios

El desplazamiento de una economía basada en gran medida en la producción hacia una basada cada vez más en los servicios ha creado una nueva oleada de negocios cuya base son estos últimos, los cuales no se limitan a la preparación de hamburguesas. Los servicios financieros, paramédicos, de comunicaciones y de empleados temporales proporcionan todos ellos oportunidades de negocios interesantes y lucrativas.

Cambios tecnológicos

Los rápidos avances tecnológicos constituyen oportunidades sin límite para negocios cuya base es la información. Un número creciente de gente trabaja en su casa, bien sea para una compañía o por su cuenta. Muchas personas con limitaciones físicas tienen ahora la oportunidad de ganarse la vida gracias a la computadora/fax/módem.

La revolución verde

La mayor conciencia en cuanto al ambiente y las preocupaciones ecológicas crean oportunidades de negocios. La simple tarea de vérselas con el papeleo y el torrente de información referente a materiales que afectan el ambiente ha generado más de una fortuna. Y, a medida que las preocupaciones ambientales crecen, lo mismo ocurre con las oportunidades de manejar, volver a usar y reciclar más y más cosas que actualmente se arrojan en rellenos sanitarios. Las preocupaciones sociales respecto al aire contaminado y el impacto de los embotellamientos de tránsito sobre la tensión de los viajeros cotidianos y sobre su salud han dado ya origen a una explosión en el número de personas que hace arreglos para trabajar en casa. Se calcula que en la actualidad hasta 44 millones de personas trabajan en casa más de un día a la semana. Piense en las formas en que se podría dar servicio a este enorme mercado.

Cuando Elena Rodríguez decidió que no deseaba continuar en el área de capacitación en computadoras, buscó otras ideas de negocios. La idea con la que decidió seguir adelante tenía que ver con productos "verdes" (ecológicamente seguros) para el hogar: todo desde lombrices de tierra, pasando por composta de basura bajo el fregadero, hasta pañales biodegradables. Aunque

 todavía está pensando cómo hacer para crear un negocio con base en esta colección de productos (ventas por catálogo, fiestas "verdes", o una tienda), Elena piensa que ésta es una buena dirección a seguir.

Negocios en casa/Televiajeros

La capacidad de trabajar en casa, conectados al resto del mundo por teléfono, fax y módem, ha creado un enorme mercado de bienes y servicios dirigidos a personas con negocios que operan desde su hogar. Este mercado incluye a los televiajeros, es decir, aquellos que trabajan para alguien más pero lo hacen en casa uno o más días a la semana. Existen revistas y boletines informativos, tableros de mensajes electrónicos y servicios relacionados con computadoras, muebles de oficina para el hogar y muchos productos más que facilitan el trabajo en casa y lo hacen menos solitario. Este mercado está creciendo con rapidez: en 1994, el Estudio Nacional de Trabajo en Casa de Link Resources descubrió 4.2 millones de nuevos negocios que tenían como base el hogar.

Una población de mayor edad

Una población cada vez más saludable crea una demanda de mayores posibilidades de recreación y viajes. Se desarrollarán diferentes tipos de asistencia médica y vivienda para esta población. Es inevitable: la necesidad está ahí, y donde hay una necesidad existe una oportunidad.

El reto de las zonas urbanas deprimidas

Quizá el conjunto más grande de retos que enfrentan las naciones de empresarios como Estados Unidos es la forma de involucrar a los jóvenes de las zonas urbanas deprimidas y a otros menos favorecidos en los negocios del país. La capacitación y la educación con base en nuevas tecnologías, como discos compactos interactivos y otros pacientes tutores, podrían poner los conocimientos básicos a disposición de todos, cualesquiera que sean sus antecedentes. La recompensa por resolver estos complejos problemas será inmensa.

Comercio internacional

La importación y la exportación se están convirtiendo cada vez en mayor grado en oportunidades para negocios pequeños de todo tipo. Los viajes y los idiomas ya no constituyen barreras. El inglés es, en efecto, el lenguaje mundial del siglo XXI, tanto en los negocios como en la ciencia. Los viajes aéreos y los servicios de carga combinados facilitan el movimiento de personas y cosas... y la Internet y otros caminos electrónicos suministran una comunicación instantánea a todo el mundo. Las posibilidades para los pequeños negocios son apabullantes.

Privatización

Conforme los gobiernos del nivel local en adelante privatizan los servicios básicos, surgen oportunidades para pequeños negocios sobre una base amplia. Estos servicios incluyen educación, policía y seguridad, acarreo de basura, suministro de servicios médicos y relacionados con la salud, transporte y muchos servicios auxiliares de tipo secretarial y de registro de datos. Si para una municipalidad es más costeable encargar un servicio al sector privado, es casi seguro que se planteará una firme justificación para delegar ese servicio.

Encuentre su oportunidad

El número de oportunidades continúa aumentando. Dondequiera que haya una necesidad y un mercado al que se puede llegar y atender, ahí existe un negocio potencial. No importa si es de menudeo, de mayoreo, de servicios o de manufactura. Encuentre una necesidad y satisfágala.

En resumen, el primer problema que usted enfrenta como empresario no es la falta de oportunidades. Todo lo contrario. Existen tantas oportunidades allá afuera, desde negocios de tiempo parcial que complementan el ingreso hasta florecientes empresas incluidas entre las 500 de *Fortune*, que el verdadero problema radica en encontrar la oportunidad idónea para usted y sus recursos, intereses, habilidades y experiencia. Las ideas para negocios nuevos o mejores —o incluso para continuar con un negocio próspero— están por doquier.

Las ideas de negocios que pueden sobrevivir al escrutinio consciente y durar más que otras ideas que compiten con ellas vencen casi siempre a las corazonadas y chispas de intuición. Si usted piensa seriamente en iniciar un negocio propio, deberá tener como compañera constante su libreta de tres argollas. Tome notas a medida que avanza y los resultados finales serán mejores que si se apoya sólo en su memoria.

Usted puede lanzarse deliberadamente en busca de un negocio de éxito para imitarlo. Si un concepto de negocio funciona en otro lugar, la lógica dice que quizá funcione aquí. Las cafeterías gastronómicas que sirven capuchino y café con leche en un ambiente agradable son un buen ejemplo. El concepto nació en Seattle y fue copiado rápidamente y con éxito por imitadores de costa a costa.

Como quiera que se le ocurra una idea de negocio, póngala por escrito. La sugerencia de llevar una carpeta de tres argollas no la hacemos a la ligera. La memoria es demasiado falible y las ideas harto fugaces y valiosas como para arriesgarse a perderlas. Su carpeta será la herramienta más valiosa para su investigación. Con el tiempo, los recordatorios que ha anotado le ayudarán a

aclarar sus ideas y a determinar la mejor manera de aco-
plar sus objetivos personales con sus metas de negocios,
y finalmente lo llevarán hacia la oportunidad que es
mejor para usted en función de sus intereses y recursos.

Preparación para la Práctica Personal #9:
Cómo visualizar mi negocio

Ahora bien, ¿en qué negocio va usted a participar? Siempre es posible cambiar de opinión, pero es forzoso comenzar por algo. Elija la idea que más le atraiga, si
todavía no se ha decidido por un negocio en concreto.
Conforme trabaje en el resto de este Paso y los siguientes, su idea adquirirá una forma mucho más definida.

En la Práctica Personal siguiente se le pide imagi-
narse a sí mismo dirigiendo efectivamente el negocio de
sus sueños. Ésta es una manera eficaz de comenzar a
responder la pregunta "¿Cuál es su negocio?", y también
de asegurar que el mismo concuerde en verdad con sus
metas y valores personales.

Use lo que ha aprendido hasta ahora en esta guía
para visualizar su negocio en detalle.

Nota importante

Wayne Huizenga, actual propietario de Blockbuster Video, hizo su primera e inmensa fortuna ha-
ciéndose cargo del manejo de la basura para muchos municipios, es decir, privatizando lo que
había sido un servicio público.

Práctica Personal #9
Cómo visualizar mi negocio

Al visualizar su negocio, plantéese las preguntas siguientes:

- ¿Cuánto dinero gana en la actualidad? Sea específico: "Gano $75,000 al año" es más impactante que "¡Mucho!".

- ¿Cuál es el estilo de vida de usted y su familia? Visualícelo en detalle.

- ¿Qué tan grande es su negocio? (Ventas en dinero, producción, empleados u otras medidas)

- ¿De qué manera refleja su negocio a usted y sus valores?

- ¿Cuáles son los productos y servicios que usted ofrece?

- Imagine a sus clientes. ¿Quiénes son? ¿Cuántos son? ¿Cuál es su aspecto?

- ¿Dónde está ubicado su negocio?

- ¿Cuál es el aspecto del local de su negocio?

- Imagine a sus empleados. ¿Cuántos tiene? ¿Qué están haciendo? ¿Cómo los trata usted?

- ¿Qué está usted haciendo en el negocio? ¿Le agrada?

El concepto: ¿cuál va a ser su negocio?

Ésta es una pregunta difícil. Las respuestas sencillas, como "el negocio de la ferretería" o "estoy en el campo de las computadoras" son demasiado simples y no proporcionan el nivel de detalle que se necesita para un análisis de viabilidad.

Haga más precisa la descripción. Usted sabe en qué negocio piensa participar. Se ha imaginado a sí mismo dirigiéndolo y ha pensado en sus productos, servicios, mercados y aspecto general.

Las respuestas a estas *Cinco preguntas clave* le ayudarán a afinar la descripción de su negocio:

1. *En qué clase de negocio va a participar?*
   Existen cuatro categorías amplias: menudeo, mayoreo, servicios y producción.

2. *¿En qué industria va a participar?*
   Son ejemplos la industria de la hotelería (una subcategoría de servicios), la industria editorial, la industria de ropa para niños, la industria vinícola.

3. *¿Cuáles van a ser sus productos o servicios? ¿Qué es lo que piensa vender?*
   ¿Qué productos o servicios planea vender? Sea bastante general: "libros de autoayuda" o "vino y queso" o "capacitación en computadoras personales". No intente dar muchos más detalles por el momento.

   La venta de productos o servicios específicos a mercados específicos es el corazón de su idea de negocio.

☞—◉ 4. *¿Quiénes van a ser sus clientes? ¿Cuáles son sus mercados?*

Esta pregunta es la más importante de todas. Usted tiene que ser capaz de identificar a las personas con más probabilidades de adquirir sus productos o servicios. Conozca tanto como le sea razonablemente posible averiguar acerca de ellas. Compruebe que existen suficientes personas de ese tipo disponibles para que su negocio funcione.

☞—◉ 5. *¿Qué va a tener su negocio de especial o distintivo? ¿Por qué las personas van a comprarle a usted y no a alguien más?*

Usted necesita tener algo que distinga a su negocio de sus competidores. Son muchas las formas de hacer que destaque. El medio que elija para que su negocio sea diferente será un factor importante de su éxito.

¿Qué es lo que va a distinguir a su empresa? Podría ofrecer una mayor comodidad, una pericia especial en un campo reducido, una mejor ubicación o un personal más atento. Los negocios del tipo "Yo también", sin algo que los distinga, encuentran difícil sobrevivir.

Preparación para la Práctica Personal #10: Cinco preguntas clave

Responda las Cinco preguntas clave de la Práctica Personal siguiente y tendrá la respuesta a la pregunta "¿Cuál va a ser su negocio?". No se preocupe si le parece que está en más de un negocio o industria, o que su línea de productos es dispersa. Vea cómo completó esta Práctica Personal #10 nuestra empresaria Carmen Fuentes.

Práctica Personal #10
Cinco preguntas clave

1. ¿En qué clase de **negocio** va a participar?	Hechura de trajes de novia a la medida, una clase de negocio de servicio y manufactura de especialidades
2. ¿En qué **industria** va a participar?	De bodas
3. ¿Cuáles van a ser sus **productos o servicios**?	Trajes de novia y vestidos de madrina de boda hechos a mano y diseñados a la medida
4. ¿Quiénes van a ser sus **clientes**?	Novias en potencia dentro de mi área de mercado local y los límites del condado (más o menos), y sus acompañantes
5. ¿Qué va a tener su negocio de **especial o distintivo**?	Mis vestidos y trajes no son artículos en serie, sino únicos y de alto precio. Las demás tiendas para novias del área compiten con base en el precio y ofrecen trajes listos para usarse que adaptan "a la medida"

Observe que Carmen ha definido su área de mercado (local), su mercado objetivo (novias locales y sus acompañantes), su nicho de productos (trajes y vestidos de boda hechos a mano y a la medida), e incluso ha iniciado una estrategia de precios altos por un gran valor agregado. Eso proporciona una clara descripción de lo que será su negocio y de por qué va a tener éxito.

Esta descripción se usará para investigar el mercado (Paso 3 de esta guía). Analice el punto #2: "¿Qué industria?". La industria de las bodas es enorme, y cuenta con literatura propia, que va desde revistas como *Today's Bride* y *Bride* hasta publicaciones de asociaciones del ramo que cubren todas las facetas del montaje de una boda.

Práctica Personal #10
Cinco preguntas clave

1. ¿En qué clase de **negocio** va a participar?	UNA CLASE DE NEGOCIO DE SERVICIO Y MANUFACTURA DE ESPECIALIDADES (MADERA, FIERRO, BARRO, CERAMICA, VIDRIO, PIEL)
2. ¿En qué **industria** va a participar?	ARTESANIA MEXICANA
3. ¿Cuáles van a ser sus **productos o servicios**?	ART. DE DECORACION, ANTIGÜEDADES, MUEBLES JOYERIA, ART. DE
4. ¿Quiénes van a ser sus **clientes**?	RESTAURANTES, OFICINAS DE BIENES Y RAICES, HOTELES, OFICINAS DE DISEÑOS, PUBLICO EN GENERAL. INTERNET
5. ¿Qué va a tener su negocio de **especial o distintivo**?	ARTESANIA ORIGINAL. Y MEJOR CALIDAD, VARIEDAD Y PRECIO.

¿Cuál será su ventaja competitiva?

¿Qué es lo que lo distinguirá de sus competidores?
Se puede argumentar que la diferenciación (o posicionamiento) es la estrategia más importante en el **marketing** de un pequeño negocio. Su objetivo es localizar un **nicho de mercado**, un mercado lo bastante grande para ser rentable, lo suficientemente pequeño para defenderlo contra otros negocios, y acorde con sus recursos, intereses o habilidades.

Palabra clave

Decida por adelantado la posición que desea para su negocio, de modo que pueda influir en la percepción que el mercado tiene del mismo. Si planea vender con base en calidad, el camino es uno. Si decide distinguir su negocio con base en comodidad, precio o durabilidad, dispone de otras opciones. No podrá seguirlas todas sin hacer irremediablemente borrosa su imagen.

Éstos son algunos de los medios que permiten a los negocios diferenciar sus productos y servicios:

- Calidad
- Servicio (cortesía)
- Valor percibido
- Comodidad
- Confiabilidad
- Precio
- Familiaridad
- El propietario ha residido en el lugar por largo tiempo
- Garantía

- Opciones de financiamiento
- Gama de productos
- Especialización
- Referencias
- Método de producción
- Accesibilidad de adquisición
- Prestigio
- Estatus

Palabra clave

A medida que se familiarice con su producto o servicio, sus mercados y su **competencia**, comenzará a percibir otras maneras de diferenciar su negocio. La imagen que éste proyecte al arrancar será muy difícil de modificar más adelante, si es que es posible cambiarla en absoluto.

Después de completar la Práctica Personal #10: Cinco preguntas clave, y ya que su idea de negocio esté tomando forma, habrá comenzado a encontrar un nicho para su negocio. Ahora está en condiciones de hacer algunas investigaciones rudimentarias sobre la competencia para desarrollar una ventaja competitiva.

- Busque un negocio similar al que usted propone, que venda los mismos productos o servicios al mismo tipo de mercados que haya elegido. Cuanto mayor sea la semejanza, más útil será este ejercicio.

Carmen Fuentes visitó varias poblaciones cercanas, donde no competiría directamente con las tiendas especializadas en novias, y encontró un negocio de trajes de novia sobre medida muy parecido al que ella tenía en mente.

- Visite ese negocio como si fuera un cliente. Pregúntese que es lo que le agrada (y desagrada) de:
  - el producto o servicio
  - la cortesía
  - la calidad
  - la ubicación y aspecto del local del negocio
  - los precios

A Carmen Fuentes le agradó el producto, el servicio y la calidad del negocio, pero su ubicación (en un área de rentas bajas) le resultó poco atractiva, y los precios eran inferiores a los que ella pensaba fijar. La venta de trajes de novia caros y a la medida demanda una ubicación y un ambiente adecuados. No se venden diamantes en la tienda de la esquina.

• Busque los puntos que usted podría mejorar. Ellos le ayudarán a distinguir su negocio de la competencia.

 Carmen distinguirá su negocio de trajes de novia respecto a las otras tiendas (1) enfocándolo hacia una línea de productos hechos a la medida, (2) personalizándolo en alto grado y (3) ubicándolo en un local por el que pagará un alquiler mayor del que planeara originalmente.

Preparación para la Práctica Personal #11: Vaya de compras

Supuestos: ya ha completado la Práctica Personal #10, tiene una idea de negocio que está tomando forma y ha comenzado a encontrar un nicho para su negocio. Ahora es tiempo de hacer un poco de investigación rudimentaria sobre la competencia para desarrollar una ventaja competitiva. Utilice la Práctica Personal #11 como ayuda en este proceso.

Notas personales:

_____

_____

_____

_____

Práctica Personal #11
Vaya de compras

Busque un negocio similar al que usted propone, que venda los mismos productos o servicios a mercados similares a los que ha elegido. Cuanto mayor sea la concordancia, más útil será este ejercicio.

Indique aquí el nombre del negocio:

Ahora "vaya de compras" al negocio como si fuera su cliente. Pregúntese qué es lo que le agrada (y desagrada) respecto a las áreas siguientes:

	Me agrada:	Me desagrada:
• el producto o servicio		
• la cortesía		
• la calidad		
• la ubicación y apariencia		
• los precios		

Si usted se hiciera cargo de este negocio, ¿qué haría para mejorarlo?

¿Qué áreas necesitan mejorarse?

Ahora que ya ha tenido la oportunidad de "ir de compras" a un negocio similar, ¿cómo va a enfrentar su negocio la competencia? ¿Cuál es *su* ventaja competitiva?

Aplace estas preguntas

 En este punto quizá tenga algunas preguntas candentes, como las siguientes. Son preguntas importantes, pero prematuras. No podrá responderlas hasta saber cuál va a ser su negocio, dónde estará ubicado y cuál será su complejidad. Algunas requieren la asesoría profesional de un abogado o contador, y en esta etapa usted no dispone de uno ni otro.

Pregunta 1: *¿Dónde puedo obtener financiamiento?*
Depende de su negocio, su ubicación, sus recursos y su experiencia.

Pregunta 2: *¿Debo convertir mi negocio en una corporación?*
Depende de la naturaleza del negocio propuesto, su ubicación y su situación fiscal.

Pregunta 3: *¿Qué permisos y licencias necesito?*
Depende de cuál sea su negocio, dónde esté ubicado y cuáles sean sus planes.

Pregunta 4: *¿Qué tipo de sistema de contabilidad necesito?*
Depende del tamaño y la naturaleza de su negocio, sus capacidades y su presupuesto.

Pregunta 5: *¿Cómo reservo el nombre de mi negocio?*
Depende de la naturaleza de su negocio y de los mercados previstos.

Pregunta 6: *¿Dónde puedo encontrar una lista de capitalistas de empresas de riesgo?*
En la biblioteca, pero no desperdicie su tiempo ni el de ellos. Los capitalistas de empresas de riesgo no están interesados en empresas nacientes a menos que estén dirigidas por un equipo sumamente capaz con mucha

experiencia, prometan una tasa de rendimiento extraordinariamente elevada y cuenten con una fecha definida en la que puedan retirar su dinero y cosechar los beneficios.

Pregunta 7: *¿Cómo llevo a cabo un estudio de mercado?* Con cuidado.

Nota importante

Conozca otros negocios practicando las buenas habilidades de "trabajo en red". Vea los Consejos para el Trabajo en Red en el Apéndice correspondiente.

¿Buena idea de negocio, o mala?

Una idea de negocio legítima resiste el escrutinio. Algunas no. Pueden parecer buenas al principio, pero cuando se empieza a analizar e investigar su potencial, se desvanecen en un revoltijo de mercados y productos confusos. Si su idea es buena, sus productos y mercados se harán más nítidos en la medida en que reflexione sobre ellos.

Preparación para la Práctica Personal #12: Cómo desyerbar el jardín

Hágase las preguntas siguientes acerca de su idea *tal como es ahora*. Una buena idea generará como respuesta muchos "SÍ". Unos cuantos "NO" pueden indicar que ·su idea requiere un cierto grado de reconsideración antes de continuar con el Paso 3, que quizá usted necesite más experiencia (o encontrar un medio para cubrir la falta de experiencia), o que tal vez haya razones para desecharla por completo. Una buena idea (para usted) es aquélla a la que se encamina con entusiasmo y alborozo.

Como regla general, las buenas ideas de negocios son muy sencillas, y se vuelven aún más sencillas, en tanto que las ideas ilusorias generan complejidad y confusión cuando se ahonda en ellas.

Notas personales:

_____

_____

_____

_____

Práctica Personal #12
Cómo desyerbar el jardín

Una buena idea de negocio destacará de una mala conforme "desyerbe el jardín". Encierre en un círculo la palabra SÍ o NO en respuesta a las preguntas siguientes.

¿Le causa entusiasmo su idea de negocio?   SÍ   NO

¿Se puede ver a sí mismo dirigiendo este
    negocio... sin perder la sonrisa?   SÍ   NO

¿Tiene experiencia en esta clase de negocio?   SÍ   NO

¿Tiene experiencia en dirección de empresas?   SÍ   NO

¿Tiene experiencia en ventas?   SÍ   NO

¿Tiene experiencia en un ramo de negocios afín?   SÍ   NO

¿Cuenta con otras experiencias que podrían ser útiles en este negocio?	SÍ	NO
¿Está bien definido y bien enfocado el producto o servicio?	SÍ	NO
¿Existe una demanda de mercado aparente para sus productos o servicios?	SÍ	NO
¿Sabe cómo llegar a ese mercado?	SÍ	NO
¿Tendrá una ventaja competitiva cuando esté en el mercado?	SÍ	NO
¿Es la idea:		
• sencilla?	SÍ	NO
• personalizada?	SÍ	NO
• hecha a la medida o especializada?	SÍ	NO
¿Considera que tiene los medios para iniciar esta clase de negocio?	SÍ	NO

Ha completado el Paso 2

Si respondió afirmativamente a la mayoría de las preguntas de la Práctica Personal #12, ya está preparado para el Paso 3: el estudio del mercado. Su idea puede ser excelente y adaptarse bien a sus valores e inclinaciones, pero la clave del éxito de cualquier negocio es su capacidad para hacerse de clientes y conservarlos. Ése es el próximo obstáculo que tiene que superar: ¿es razonable la idea desde el punto de vista del marketing?

En este paso aprendió cuál es la procedencia de casi todas las ideas de negocios y descubrió varias que desea estudiar más a fondo. Seleccionó y afinó la que le resulta más atractiva, tomando en cuenta la industria, el producto o servicio, el mercado y la ventaja competitiva que podría tener si iniciara el negocio. Posteriormente, visualizó dicho negocio.

También ha comenzado a definir su producto o servicio y su nicho de mercado, y ha dado los primeros pasos para limitar su mercado a los prospectos que podrían ser más accesibles para usted (este proceso continuará en el Paso 3).

También puso a prueba su idea de negocio contra los criterios de la Práctica Personal #12, y sus respuestas fueron principalmente afirmativas.

Ahora continuará con el Paso 3, contando con:

Información respecto a fuentes de ideas de negocios.

Prácticas personales, que son las herramientas que le ayudarán a evaluar su idea.

El conocimiento de cómo desarrollar una idea de negocios.

Use esta lista de comprobación para verificar su avance hasta
este punto de la guía. Marque los incisos que haya completado. Si es necesario, vuelva atrás y realice las actividades
que haya pasado por alto.

Paso 2
Lista de comprobación personal

❏ Comprendí de dónde provienen las ideas de negocios
y he comenzado a elaborar mi propia lista de
posibilidades (Prácticas Personales # 8 y 9).

❏ ˙ Respondí las Cinco preguntas clave referentes a mi
propia idea de negocio (Práctica Personal #10).

❏ Visité negocios similares para determinar qué es lo
que hacen mis competidores (Práctica Personal #11).

❏ Determiné qué factores van a contribuir a que mi
negocio tenga éxito (Práctica Personal #12).

¿ES RAZONABLE SU IDEA DESDE EL PUNTO DE VISTA DEL MERCADO?

Todos los aspectos de su negocio giran en torno a lo que sus clientes desean y necesitan. Usted tiene que saber qué es lo que ellos quieren, a qué precio, en qué forma, o tamaño o sabores. Usted elige sus bienes y servicios con sus prospectos de clientes en mente. ¿Qué es lo que puede ofrecer a sus mercados, que éstos estén dispuestos y ansiosos por adquirir?

Cuando haya completado el Paso 3, usted será capaz de:

- Identificar tendencias en su industria, así como el efecto que esas tendencias podrían tener sobre su idea de negocio
- Averiguar quiénes son sus clientes (segmentación) y lo que desean de usted (investigación)

- Estudiar sus mercados objetivo en términos de sus características geográficas, demográficas y psicográficas
- Estimar el tamaño de sus mercados y su participación de mercado potencial
- Identificar y analizar a su competencia
- Rexaminar su ventaja competitiva a la luz de su análisis de la competencia
- Determinar si su negocio es razonable desde el punto de vista del marketing

Por qué es importante el estudio de mercado

El estudio de mercado es un proceso y una forma de pensar acerca de su negocio. Es un proceso en el cual usted actúa sistemáticamente, responde una serie de preguntas acerca de los mercados, y basa sus respuestas en los hechos. Es una forma de pensar en la cual coloca las demandas de los clientes en el centro mismo de la toma de decisiones de negocios.

Si usted no tiene una idea clara de quiénes son sus clientes, no podrá darles a conocer sus productos y servicios de manera eficaz. No sabrá qué mensajes llamarían su atención, ni dónde pueden ver o escuchar sus anuncios. Usted elige una ubicación, fija horas de trabajo, contrata y capacita empleados con un solo propósito: atraer y retener clientes.

Qué incluye un estudio de mercado

- ¿Cuál es su negocio?
- ¿Quiénes van a ser sus clientes?
- ¿Quiénes son sus competidores?

Para poner a prueba su idea o concepto, usted debe identificar y describir a sus clientes potenciales. Nunca será suficiente su conocimiento de sus clientes... y no se puede dar el lujo de adivinar quiénes son y qué desean.

- Comience con un análisis de la industria. ¿Cuáles son las tendencias en la industria que ha elegido? ¿Qué productos, servicios y mercados van a tener demanda?
- Segundo, haga un estudio de mercado. ¿Quiénes serán sus clientes? ¿Cómo serán? ¿Qué desearán de usted?
- Tercero, estudie a su competencia. ¿Es el mercado suficientemente grande para dar cabida a otro competidor (usted), o será necesario luchar por un espacio? ¿Cómo va su negocio a adquirir y conservar una ventaja competitiva?

Estos tres análisis pondrán su decisión de participar en los negocios sobre cimientos sólidos. La simple esperanza de que las condiciones habrán de ser favorables no lo hará.

Cómo llevar a cabo un estudio de mercado

Para hacer su estudio de mercado, tendrá que ser creativo y persistente, y escarbar profundamente. No es fácil obtener información detallada. Nada sustituye a la investigación como medio para poner a prueba sus corazonadas, asegurarse de que se encamina en la dirección correcta y estar consciente permanentemente de que opera en un mercado competitivo.

El estudio de mercado salvó a Elena Rodríguez de cometer un grave error. Después de desechar la idea de un negocio de capacitación en computadoras, estudió otro de sus intereses: un "negocio verde"

dedicado a la venta al menudeo de productos "amigables" hacia el ambiente. Elena encontró que no era la primera en tener esta idea; la competencia era mucha, y ninguna de las tiendas que visitó mostraba indicios de prosperidad. Sencillamente, el mercado no tenía el tamaño suficiente para dar cabida a otro participante.

Como es una persona inteligente, Elena renunció a esta idea de negocio y decidió que, por el momento, entraría a trabajar con alguien más hasta que se le ocurriera una idea que fuera más razonable para ella.

Este resultado es excelente. Si hubiera seguido adelante sin hacer la investigación, habría arriesgado todos sus ahorros, y es muy probable que hubiera fracasado. La investigación es un excelente antídoto contra la exuberancia empresarial. Ponga a prueba su idea antes de comprometerse con ella (esto es, mire antes de saltar).

Consiga ayuda para su estudio de mercado

 No tema pedir ayuda. Reúna tanta información como pueda para el análisis de la industria, el mercado y los competidores, pero no se preocupe demasiado por el análisis mismo ... todavía. Acuda a sus otros recursos, los mencionados en el Paso 1, en busca de ayuda para realizar el estudio. La investigación es una habilidad que se aprende y que se apoya, en parte, en el uso del talento de otras personas. Los bibliotecarios y otros profesionales saben cómo y dónde buscar información; ellos pueden afinar y simplificar su investigación. Obtenga primero la información, y luego consiga ayuda para interpretarla.

Nota importante

El enfoque tradicional del marketing

Las cuatro P —Producto, Precio, Posición (lugar) y Promoción— ayudan a recordar los elementos tradicionales del marketing.

Usted debe conocer su *producto* (que en este caso significa "producto o servicio") por dentro y por fuera, tanto desde su punto de vista como (lo que es más importante) desde el de sus clientes, reales o potenciales.

Después, es necesario determinar el *precio* de su producto o servicio. Usted tiene que trabajar dentro de los límites de lo que el mercado puede soportar (en un extremo) y la cantidad por la que usted puede vender el producto o servicio sin perder dinero, en el otro extremo.

Posición (lugar) se refiere a la distribución del producto o servicio; es decir, cómo llega el producto desde usted hasta el cliente. La ubicación de su negocio es una de las decisiones más trascendentales que tendrá que tomar. Un fabricante, por ejemplo, tiene que saber cómo se va a trasladar el producto desde la planta hasta el mercado —quizá a través de un mayorista o distribuidor, a veces a través de una tienda de fábrica u otro canal. Una abogada, por otra parte, podría "distribuir" servicios jurídicos en su oficina, en la oficina del cliente, por teléfono, en el tribunal o por correo. Es evidente que la posición (lugar), por lo que a ciertos productos y servicios concierne, puede significar más que la simple ubicación geográfica.

La cuarta P (*promoción*) abarca todos los medios por los que usted puede dar a conocer sus bienes o servicios a sus mercados. La publicidad, las relaciones públicas, los anuncios, la ubicación y la actividad en asuntos comunitarios son sólo unos cuantos de los medios que le permiten promover su negocio.

Análisis de la industria: ¿qué sucede en su industria?

¿Qué es el análisis de la industria, y por qué es tan im-
? El análisis de la industria le ayuda a respon-
untas como éstas:

ué está ocurriendo en su industria? ¿Está crecien-
se encuentra estancada o se está encogiendo?

- ¿Cuáles son las tendencias en su industria?
- ¿Tienen carácter nacional estas tendencias? ¿Son de carácter local?.
- ¿Quiénes son los clientes de otros negocios que pertenecen a su industria?
- ¿Qué es lo que hace que esas personas y otras similares a ellas adquieran productos o servicios similares a los suyos? ¿Cuánto están dispuestas a pagar? ¿Qué tan lejos se desplazan y qué toleran con tal de comprar?

 Si todos los factores son equitativos, le irá mejor si participa en una industria en crecimiento que en una en decadencia. Es más fácil tener éxito en un campo en aumento que en uno que se está encogiendo.

¿Cuál es su industria?

Su negocio será una parte pequeña de una gran industria. Una librería es parte de la *industria minorista*, aunque pertenece a sólo uno de muchos tipos de venta al menudeo. Un editor (ya sea de libros en tipo grande o de otra clase) está en la *industria editorial y de las artes gráficas*, que forma parte del sector productivo. Una posada pertenece a la *industria hotelera*, la que a su vez forma parte del sector de servicios de la economía. Un dentista pertenece a la *industria del cuidado de la salud*, que es parte del sector de servicios.

Es posible pertenecer a más de una industria. Por ejemplo, una asesora en computación puede formar parte de la *industria de la computación*, o pertenecer a la *industria de servicios profesionales*, ¡o ambas cosas! Un minorista de computadoras puede estar en la *industria minorista*, pero si también repara equipo de cómputo, pertenecerá a la *industria de servicios profesionales*.

Así que, ¿cuál es su industria? Hay varias maneras de averiguarlo.

- Si su negocio va a ser de venta al menudeo, su industria normalmente se definirá por los productos o líneas de productos que venda. Si desea iniciar una ferretería, es probable que deba clasificarse en la industria ferretera. Sin embargo, de acuerdo con las líneas específicas de productos que ofrezca en su tienda, podría considerar que pertenece a la industria de herramientas o la de los materiales para construcción.

- Si sus planes son abrir un negocio de servicio, ¿qué servicio planea proporcionar? Los contadores pertenecen a la industria de servicios de contabilidad. Los médicos están en la industria de servicios para la salud. Los esteticistas pueden estar en la industria de la belleza, o pueden considerar que pertenecen a la industria del peinado o de la cosmetología.

- ¿A qué asociación o asociaciones industriales se afiliará? ¿A qué publicaciones especializadas se suscribirá? ¿A qué exposiciones comerciales asistirá? Las respuestas a estas preguntas le ayudarán a definir su industria.

- Si con todo lo anterior aún no encuentra la industria apropiada para el negocio que se propone, acuda a la biblioteca y busque en el índice del *Standard Industrial Classification Manual*, que por lo general se localiza en la sección de referencia. ¿No encuentra la respuesta? Pida ayuda al bibliotecario.

 Carmen Fuentes encontró dos clasificaciones en el Manual SIC que incluían trajes de novia:

NOVIAS ELEGANTES

SIC 2335: Vestidos para damas, señoritas y niñas (fabricación de), y SIC 5621: Tiendas de ropa para dama (menudeo).

Sin embargo, luego de un análisis más minucioso, Carmen descubrió que su negocio correspondía en realidad al SIC 2335 y no al SIC 5621. Ella hace trajes de boda a la medida, que es una forma de fabricación. Aunque vende directamente a sus clientes los trajes que hace, el SIC 5621 no incluye tiendas para novias que vendan trajes de boda hechos a la medida. Carmen nunca pensó en sí misma como en un fabricante, pero sí lo es.

El negocio de Darío Ancira corresponde al SIC 3672 (producción de tarjetas de circuitos impresos). El código de dos dígitos "36" representa el Grupo Principal: "Producción de equipo eléctrico y electrónico"; el código de tres dígitos "367" identifica el Grupo Industrial: "Componentes y accesorios eléctricos"; y el código de cuatro dígitos "3672" identifica su Grupo Industrial Específico.

Una vez que supo cuál era su código SIC, Darío pudo localizar más información acerca de su industria:

- Usando el Censo de Fabricantes, averiguó cuántos competidores directos tenía en su estado, el número promedio de empleados por empresa, y el volumen total anual de ventas para todas las compañías incluidas en el SIC 3672.
- En el directorio de fabricantes de su estado pudo encontrar quiénes eran sus competidores directos, así como su ubicación.
- En el *U. S. Industrial Outlook* localizó pronósticos a uno y cinco años para su industria, que incluyen estadísticas del crecimiento esperado en ventas para toda la industria.

En la Tabla 3.1 se presenta una lista de los códigos SIC y su descripción para los empresarios en ciernes cuya trayectoria estamos siguiendo en esta guía.

Tabla 3.1: Empresarios en ciernes de este libro y sus códigos SIC

Empresario	Código SIC	Descripción
Carmen Fuentes	2335	Vestidos para damas, señoritas y niñas
Elena Rodríguez	8243	Escuelas de procesamiento de datos
David Campos	5921	Tiendas de vinos y licores
	5451	Tiendas de productos lácteos
Darío Ancira	3672	Tarjetas de circuitos impresos
Felipe Téllez	2731	Libros: edición e impresión
Los Serdán	7011	Hoteles y moteles

¿Cuáles son las tendencias y perspectivas para su industria?

Todas las industrias pasan por un ciclo de vida que comprende cuatro ciclos amplios: embrionario, de crecimiento, madurez y decadencia.

Nota importante

Códigos SIC

Los Códigos de Clasificación Industrial Estándar (SIC, Standard Industrial Classification) son especialmente útiles para el análisis de la industria. Conociendo el SIC para su industria, puede llevar a cabo una investigación secundaria utilizando fuentes fácilmente disponibles para reunir estadísticas, datos de tendencias y otros tipos de información acerca de su industria. Más adelante podrá ver cómo la segmentación de los mercados con base en el SIC también es útil para empresas industriales o para las que operan de negocio a negocio.

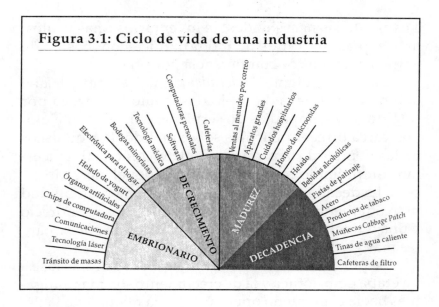

Figura 3.1: Ciclo de vida de una industria

Todas las etapas del ciclo vital pueden plantear excelentes oportunidades de negocios, y cada una presenta también sus peligros propios.

Por ejemplo, cuando las videograbadoras comenzaban a adquirir popularidad, miles de empresarios se subieron al tren de las VCR y abrieron tiendas de renta de videocasetes. Esto es característico de la etapa *embrionaria*: bajo costo de entrada, un mercado caótico, competencia dispersa y una creciente demanda por parte del consumidor. La industria de tiendas de videocasetes entró luego en una fase de *crecimiento*, caracterizada por un crecimiento explosivo del número de éstas, una competencia considerablemente más compleja y un mercado más exigente. Muchas de las primeras videotiendas fracasaron en este periodo por falta de capital y de un plan coherente de marketing.

Este mercado está entrando ahora en su fase de *madurez*: es mucho más estable, comienza a consolidarse (considere el crecimiento por adquisiciones de Blockbuster Video y de otras cadenas), y el costo de entrada es alto a causa de las necesidades de inventarios (más títulos, más copias de títulos de moda), ubicación, costos de entrega y una feroz competencia por precio.

La fase siguiente, la *decadencia*, no está muy lejana debido a las nuevas tecnologías, como la entrega por satélite. Las compañías de servicios por cable y teléfonos van a ofrecer películas sobre pedido. Los quioscos de las tiendas de abarrotes y centros comerciales ya están compitiendo con base en precios por el mercado casero. La decadencia se caracteriza por una rentabilidad marcadamente inferior, mayor competencia por precio y una tendencia hacia un número menor de participantes más grandes.

Se puede hacer dinero en cualquiera de estas fases. La etapa embriónica y la de crecimiento son más amigables hacia el pequeño operador que la madurez o la decadencia, pero siempre hay excepciones. Y algunas industrias cambian mucho más lentamente que la de renta de videocasetes.

En términos generales, las tendencias en su industria están determinadas por su posición en el ciclo vital industrial.

Cómo y dónde encontrar información

Invite a su bibliotecario a comer

Los bibliotecarios son los profesionales cuyos servicios se aprovechan en menor grado. Están capacitados como investigadores y (por lo común) le ayudarán gustosamente a diseñar y llevar adelante una investigación. Sus recursos son asombrosos, pues van desde lo obvio (libros) hasta lo misterioso (la "carretera electrónica" y los oscuros caminos de la Internet). Estos recursos varían de una biblioteca a otra, pero algo importante que hay que aprender es cómo encontrar al experto idóneo que le ayudará a resolver problemas. Y la investigación de mercados *es* un problema. Hay tanta información disponible que sin un enfoque estructurado se pueden perder  años enteros vagando por los pasillos de la información sin obtener resultados. Lo que esto significa es que es necesario tamizar, seleccionar y analizar. Y recuerde, el proceso de encontrar información es continuo.

Experiencia personal

Su experiencia personal será su guía en sus esfuerzos de investigación. Usted sabe mucho acerca de su industria —más de lo que cree— a partir de lecturas generales y observación. Su interés en el negocio específico que está evaluando ahora se basa, al menos en cierto grado, en su percepción de cómo opera el negocio y del estado que guarda la industria a la que pertenece. No pase por alto esta percepción. Corrobórela (ése es el propósito de la investigación), pero no deje de tomarla en cuenta.

Publicaciones periódicas de negocios

 Las publicaciones periódicas de negocios son una buena fuente de información sobre las tendencias generales de las industrias. Las revistas de alcance nacional (como *Business Week, Forbes* y *Fortune*) incluyen artículos que describen tendencias industriales, en especial cuando marcan un cambio importante en el modo de operación de la industria. Las revistas de negocios y los periódicos locales también cubren las tendencias, generalmente desde una perspectiva local. Todos éstos son enfoques generales, de modo que el paso siguiente consiste en averiguar con mayor detalle lo que está ocurriendo, y las asociaciones industriales satisfacen tal necesidad.

Asociaciones industriales

Las asociaciones industriales son una fuente magnífica para conocer las tendencias en negocios e industrias específicas. Usted no es la única persona interesada en obtener información exacta sobre el mercado. Las asociaciones industriales ofrecen a sus miembros información como razón primordial para afiliarse a ellas y pagar cuotas. Los productos derivados de las asociaciones (revistas del ramo, exposiciones comerciales y exhibiciones) ofrecen oportunidades para conocer lo que hacen otros negocios similares. Y con las más de 35 mil asociaciones industriales incluidas en la *Encyclopedia of Associations* (Gale Research, Detroit, MI), tan sólo en Estados Unidos, existen excelentes posibilidades de recopilar información sumamente útil respecto a los mercados.

Datos de la industria

Se pueden hallar datos de la industria en las publicaciones del ramo, esto es, las revistas y artículos que publican las asociaciones industriales. En la *Encyclopedia of Associations* y en el *Small Business Sourcebook* encontrará una lista de publicaciones especializadas. Busque en su biblioteca otros libros de referencia que incluyan información sobre publicaciones periódicas. La *Encyclopedia of Business Information Sources*, otro producto de Gale Research, abarca obras de tipo general, directorios, datos sobre proporciones, guías y manuales, publicaciones periódicas y boletines informativos, bases de datos en línea, fuentes de datos estadísticos y demás.

Los datos de la industria son especialmente útiles para localizar respuestas a preguntas que se han formulado otros propietarios de negocios y sus asesores. ¿Cuáles son las tendencias? ¿Qué técnicas de marketing son eficaces? ¿Quiénes son los compradores más probables y cuáles son sus datos demográficos? ¿Qué estrategias de precios funcionan? ¿Quién está entrando o saliendo de la industria?

Asegúrese de que la información que obtenga sea verdaderamente apropiada para su negocio específico. Es riesgoso aplicar datos industriales generalizados a una empresa en ciernes en circunstancias particulares.

Publicaciones gubernamentales

 Vale la pena echar un vistazo a las publicaciones gubernamentales. La Small Business Administration (SBA) tiene una extensa lista de publicaciones gratuitas o de bajo costo, algunas de ellas dirigidas a industrias específicas, otras a negocios concretos. Cuenta con dos útiles líneas telefónicas: la SBA Hot Line (900-463-4636) y la SBA Technical Support Line (202-265-6400).

Empresas privadas de investigación

Las compañías investigadoras pueden encontrar información industrial y de mercados para usted, pero sus servicios tienen un costo. Son rápidas, expertas y discretas, de modo que si su negocio demanda una inversión considerable, le podría convenir hacer uso de su ayuda. Localice este tipo de empresas en el directorio telefónico.

Fuentes en línea

CompuServe y America Online son dos de los servicios en línea que proporcionan acceso de bajo costo a una amplia gama de recursos de información. (Se pagan cuotas mensuales.) Algunos de ellos tienen un costo adicional: las bases de datos especializadas como NEXIS, los servicios como el Dow-Jones News Retrieval, o los boletines informativos muy especializados que cubren una industria específica no son gratuitos.

Tanto AOL como CompuServe ofrecen muchos "grupos de conversación" y centros de recursos para pequeños negocios. Los primeros brindan ayuda y consejos para las personas que van a participar, por ejemplo en negocios cuya base son los gráficos de computadora, minoristas de todo tipo, casi todos los servicios profesionales, y mucho más. Ésta es una fuente de información en crecimiento que vale la pena consultar. La Microsoft subsidia un centro de recursos para pequeños negocios que ofrece sugerencias para todo, desde iniciar hasta vender un negocio, ya sea que esté relacionado con las computadoras o no. Algunas revistas especializadas en pequeños negocios ofrecen foros para analizar tendencias, ideas y oportunidades: *Entrepreneur*, por ejemplo, está en CompuServe.

La experiencia de Felipe Téllez en la industria de libros en tipo grande simplificó asombrosamente su investigación de mercado: él sabía que las tendencias industriales para estos libros eran muy positivas. Dos tendencias demográficas alimentaban este crecimiento: la gente vive más tiempo, y la generación posterior a la Segunda Guerra Mundial está alcanzando la edad madura. Por consiguiente, cada vez más personas leen libros en tipo grande. Felipe hizo una encuesta en las 22 mil bibliotecas de Estados Unidos, que son el mercado primordial para dichas publicaciones, y solicitó las opiniones y deseos de los bibliotecarios que hacen las adquisiciones haciéndoles preguntas como:

- ¿Qué desea usted para sus lectores?
- ¿Qué clase de libros no están disponibles y deberían estarlo?
- ¿Preferiría usted hacer sus pedidos con base en un catálogo, a un vendedor, o por teléfono?

Se le vino encima una multitud. Las tasas de respuesta se dispararon a más del 80 por ciento. *¡A nadie se le había ocurrido preguntar a los bibliotecarios qué deseaban para sus lectores!* Resultó que los lectores de libros en tipo grande son similares a los otros lectores: deseaban leer éxitos de librería, novelas de misterio, novelas románticas, libros de historia, etc. Siguió su consejo e hizo tratos con Penguin Books y Harlequin Romances, firmó acuerdos con editores de tipo general en cuanto a derechos de reimpresión en tipo grande y revolucionó este mercado.

Nota importante

¡Tenga cuidado! Se puede hacer demasiada investigación. Sea precavido, pues causa adicción.

Además, *a nadie se le había ocurrido preguntar a los bibliotecarios cómo preferían adquirir los libros en tipo grande.* Casi todos deseaban un programa con opción negativa: enviar el paquete A, B o C a menos que se indique lo contrario. Si tenía el interés suficiente para solicitar y confiar en su criterio, ellos confiarían en el suyo. ¡Eso sí que es una ventaja competitiva!

Preparación para la Práctica Personal #13: Identifique las tendencias de su industria

En la Práctica Personal #13, tendrá que hacer un poco de investigación bibliográfica para determinar la clasificación de su industria e identificar las asociaciones industriales y las publicaciones principales del ramo. Puede usar estos recursos para identificar las tendencias importantes en su industria.

Notas personales:

_____

_____

_____

_____

Nota importante

The Desktop Business Intelligence Sourcebook: A Comprehensive Guidebook for the Information Age (Cincinnati, Hyde Park Marketing Group, 1992) es una útil puerta para entrar al número rápidamente creciente de fuentes electrónicas de información. Los recursos en línea son herramientas que le ayudarán en su investigación y estudio de mercado. No los pase por alto.

Práctica Personal #13
Identifique las tendencias de su industria

Determine cuál es su código SIC. Busque en el índice del *Standard Industrial Classification Code Manual* el código SIC de cuatro dígitos que corresponde a su negocio.

Mi código **SIC** es: 2335

Consulte otros libros de referencia, como la *Encyclopedia of Associations* o *The Small Business Sourcebook*. Estas obras le orientarán hacia las principales asociaciones industriales y las publicaciones especializadas más importantes para su negocio.

Mi asociación industrial **nacional** es: National Bridal Service

Su dirección y número telefónico son:

> 3122 W. Cary Street
>
> Richmond, VA 23221
>
> 804-355-6945

Mi asociación industrial **regional** o local es:

> Su dirección y número telefónico son:

Las **publicaciones especializadas** más importantes para mi industria son:

> 1. Bridal Trends
>
> 2. Elegant Brides
>
> 3. Modern Bride

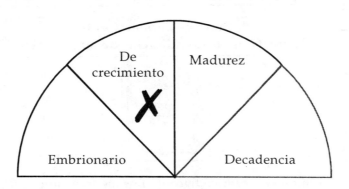

Ciclo de vida de las industrias

De acuerdo con mi asociación industrial y las publicaciones del ramo, las tendencias principales en mi industria son:

a. Marque con una X el Ciclo de vida en el que su industria se encuentra actualmente. ¿Es embrionario, está creciendo, está en la madurez, o en la decadencia?

b. Los **productos más populares** en esta industria son:

Vestidos de boda a la medida, velos y accesorios

c. Los **mercados más populares** en esta industria son:

Bodas formales o tradicionales, pero muy especializadas. ¡Los servicios de boda están de moda!

d. Los productos y mercados en decadencia para esta industria son:

Bodas de mera formalidad - ¡fuera de moda!
Bodas especializadas y a la medida - ¡son la moda!

Práctica Personal #13
Identifique las tendencias de su industria

Determine cuál es su código SIC. Busque en el índice del *Standard Industrial Classification Code Manual* el código SIC de cuatro dígitos que corresponde a su negocio.

Mi código **SIC** es:

Consulte otros libros de referencia, como la *Encyclopedia of Associations* o *The Small Business Sourcebook*. Estas obras le orientarán hacia las principales asociaciones industriales y las publicaciones especializadas más importantes para su negocio.

Mi asociación industrial **nacional** es:

Su dirección y número telefónico son:

Mi asociación industrial **regional** o local es:

Su dirección y número telefónico son:

Las **publicaciones especializadas** más importantes para mi industria son:

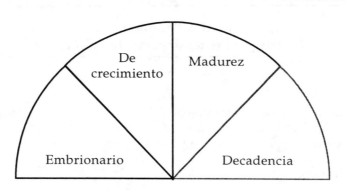

Ciclo de vida de las industrias

De acuerdo con mi asociación industrial y las publicaciones del ramo, las tendencias principales en mi industria son:

a. Marque con una X el Ciclo de vida en el que su industria se encuentra actualmente. ¿Es embrionario, está creciendo, se encuentra en la madurez, o en la decadencia?

b. Los **productos más populares** en esta industria son:

c. Los **mercados más populares** en esta industria son:

d. Los productos y mercados en decadencia para esta industria son:

¿Qué es lo que usted vende?

Los clientes no compran productos o servicios, sino beneficios, el "¿qué gano con esto?" que los lleva a comprar. Con frecuencia, los beneficios que ellos perciben no son lo que usted ha identificado, y ésta es la razón por la cual las encuestas y otros métodos para averiguar lo que los clientes desean son tan importantes.

Usted debe contemplar lo que ofrece desde el punto de vista de sus clientes.

- ¿Cómo perciben sus productos o servicios?
- ¿Por qué desean comprarle a usted, y no a los demás?
- ¿Qué puede usted hacer para que a ellos les resulte más fácil, más divertido, más conveniente o más seguro comprarle a usted?
- ¿Qué están haciendo sus competidores para atraer clientes? ¿Puede usted averiguar lo que sus clientes buscan? ¿Qué es lo que les funciona y qué no lo hace?

Las personas no adquieren bienes o servicios que no desean, no importa cuán poderosos sean la publicidad y el posicionamiento. Sólo podrá venderles lo que quieren comprar. A veces esto coincide con lo que necesitan, pero rara vez será lo que usted piensa que está vendiendo.

 David Campos comenzó su investigación de mercado buscando en su área otras tiendas de vinos. Encontró que había sólo un minorista de vinos especializado en su MSA (Metropolitan Statistical Area) (área estadística metropolitana) y, por información recabada en publicaciones del ramo, que, en el caso de tiendas como la suya, una población base de 140 mil habitantes sustentaría sin dificultad otra tienda de vinos especializada.

Su competencia incluiría tiendas de vinos y licores, supermercados y unos cuantos almacenes de descuento. David definió su nicho: ofrecería productos dirigidos principalmente a jubilados de ingresos altos, "yuppies" y profesionales o directivos. Se proponía vender educación en cuanto a vinos, tanto como los vinos mismos, junto con un poco de esnobismo y posición social en función de los vinos. Al enfocarse en este nicho, David podría diferenciarse de quienes venden por precio y evitar gran parte del impacto de esta clase de competidores. Aunque no podía permitirse el lujo de vender *Beaujolais Nouveau* a un precio dos por ciento arriba del costo por caja, como era el caso de la tienda de descuento, tampoco tenía necesidad de ello.

Preparación para la Práctica Personal #14: Características y beneficios de mi producto o servicio

En la Práctica Personal siguiente, comience a ver *sus* productos o servicios desde dos puntos de vista. El primero es: "¿Cuáles son las características de mis productos o servicios?" El segundo es: "¿Cuáles son los beneficios que ofrecen mis productos o servicios?".

Como adelanto de la Práctica Personal #14, David Campos enfocó las características y beneficios de sus productos base de esta manera:

Práctica Personal #14
Características y beneficios
de mi producto o servicio

Producto o servicio	Características	Beneficios
Vino tinto (importado)	Amplia gama de vinos; amplia gama de precios, pero nada "barato"; nada de tapones de rosca, corcho auténtico; vinos de muchos países	Beneficios para la salud (estudio francés de eliminación de obstrucciones en las arterias) Posición social, atractivo esnob; educación en la selección correcta de los vinos; seguridad de hacer una elección con bases
Vino tinto (nacional)	Vinos poco comunes y de bodegas pequeñas	Gangas: invitación al ahorro con "pequeñas joyas", la ventaja de conocer un secreto en cuanto a vinos

Práctica Personal #14
Características y beneficios
de mi producto o servicio

Producto o servicio	Características	Beneficios
1.		
2.		
3.		
4.		

Estudio de mercado: cómo encontrar clientes

El ochenta por ciento de sus utilidades provendrán del 20 por ciento de sus clientes. ¿Quiénes van a integrar ese 20 por ciento? ¿Dónde puede encontrar esos clientes? Las respuestas se las dará el estudio de mercado.

El estudio de mercado le ayuda a responder preguntas como las siguientes:

- ¿A qué mercados debe usted acercarse con sus productos y servicios?
- ¿Cuáles son sus mercados objetivo, es decir, los grupos de personas con más probabilidades de comprarle a usted?
- ¿Cuál es su nicho de mercado?
- ¿Cuál es su área de mercado?
- ¿Cuáles son las dimensiones de su mercado?
- ¿Cuáles son las características de su mercado?

Limite el alcance de su investigación y análisis. Estreche el embudo. Su punto de partida es ese gran grupo de personas o negocios que *podrían* adquirir su producto o servicio; reduzca luego ese grupo a un mercado objetivo, que se compone de las personas *con más probabilidades* de ser sus clientes.

Suponga que Carmen Fuentes hubiera descubierto que existían docenas de competidores en su ciudad, ninguno de los cuales ganaba lo suficiente para vivir porque la competencia era muy intensa.

Carmen Fuentes, la fabricante de vestidos de boda, hizo primero lo obvio. ¿Cómo podía averiguar cuántas novias por año tendrían posibilidad de ser sus clientes en su área de mercado? Como veremos, tuvo que recabar alguna información.

¿Quiénes adquirirán sus productos o servicios?

No suponga que su mercado se compone de todo el mundo. No es así. En el mejor de los casos, usted cuenta sólo con un porcentaje del mercado (su "participación de mercado"), porque algunas personas que forman parte de él se mudarán, lo dejarán, acudirán con competidores, gastarán su dinero en otra cosa, o no se enterarán de su existencia. Usted sólo puede atender un área geográfica limitada (con algunas excepciones, como los pedidos por correo). La gente no viaja grandes distancias para adquirir un producto o servicio sin una razón de peso.

Si confina su mercado a ese mercado objetivo medular, ello le permitirá gastar inteligentemente su dinero destinado a promociones, conocer sus clientes a fondo y mantener un equilibrio entre el tamaño de su negocio y las dimensiones de su mercado.

Defina los mercados a los que va a servir

Existen varias maneras de definir y limitar sus mercados.

- Para empezar, puede limitar sus mercados *geográficamente*: usted atraerá clientes dentro de un área geográfica limitada.
- Puede limitarlos todavía más de acuerdo con factores **demográficos**. Si va a vender a consumidores, la edad, el sexo, el nivel de ingreso, la ocupación o nivel educativo de los integrantes de su mercado se emplean con frecuencia para especificar quiénes constituyen efectivamente el mercado.

Palabra clave

- Si va a vender a otros negocios u organizaciones, le interesarán datos demográficos como el Código de Clasificación Industrial Estándar (SIC), el número de empleados, el número de trabajadores de producción, el volumen anual de ventas y el número de establecimientos, para definir y limitar sus mercados.

Palabra clave

- Puede limitar aún más el mercado empleando datos **psicográficos**: esto se refiere al estilo de vida de sus clientes objetivo. ¿Cuáles son sus actitudes, opiniones e intereses? Los aspectos psicográficos no serán de mucha utilidad si su intención es vender a otros negocios.
- También puede limitar sus mercados en términos de situaciones de compra: ¿son sus clientes usuarios poco frecuentes, regulares o intensivos de sus productos? ¿Cuánto esfuerzo dedican a la adquisición de su producto o a la elección de la clase de tienda a la que prefieren ir de compras? ¿Son compradores de primera vez o adquieren el producto con regularidad?

Fuentes de información

El trato directo, frente a frente con el mercado, se conoce como investigación primaria. Se obtiene una gran cantidad de información acerca del mercado propuesto simplemente hablando con gente que utiliza o podría utilizar los productos o servicios.

¿Cómo puede averiguar la razón por la que las personas le van a comprar a usted? Pregúnteles. Proporcióneles una estructura. Se puede diseñar un cuestionario para extraer información acerca de quiénes van a ser sus clientes y prospectos, sus hábitos de compra, sus opiniones sobre su producto o servicio y los medios de comunicación que prefieren.

Puede interrogar a competidores que no compiten con usted: propietarios de negocios que no están en su área de mercado. Si les llama con anticipación para fijar una fecha, les envía una breve lista de preguntas para las que desea una respuesta y fija un tiempo límite para su visita, por lo regular obtendrá una respuesta positiva y toneladas de información útil. La clave está en la lista de preguntas y en el acercamiento profesional.

La investigación secundaria es menos personal y cumple con dos propósitos importantes. Primero, le puede mostrar la clase de preguntas y resultados con los que otros propietarios de negocios y otros expertos han trabajado antes, lo cual ampliará sus horizontes y le proporcionará información de bajo costo. Esto también le ahorrará tiempo si le evita tener que repetir las encuestas o entrevistas. Segundo, puede multiplicar su experiencia sin más costo que unas cuantas horas de su tiempo.

Defina su mercado objetivo

Formúlese la pregunta siguiente: "¿Quién necesita mis bienes y servicios?". Comience con las personas que considere como sus clientes más probables. Si su intención es vender maquillaje teatral, la respuesta a esta pregunta incluiría actores, directores, organizaciones teatrales y otras clases de artistas, y quizá los usuarios ocasionales de disfraces. ¿Quiénes son las personas que tienen una necesidad más obvia de su producto o servicio, y a las que usted puede llegar con más facilidad?

Palabra clave

Todas las decisiones de compra las toman individuos, y en último término son subjetivas. Por esta sola razón, sus probabilidades de éxito aumentarán en la medida en que conozca a las personas que integran sus **mercados objetivo**. Pocas cosas son menos rentables y más costosas que vender en mercados de los que uno conoce poco o nada.

Existe una relación importante entre el tamaño de su negocio y el de sus mercados objetivo. Si elige mercados demasiado grandes para usted, no dispondrá de recursos para promover su negocio en ese mercado ni podrá adquirir mucha presencia en el mismo. El ejemplo clásico de quien intenta penetrar en un mercado demasiado amplio es el del nuevo empresario que dice con falso optimismo: "Si conseguimos tan sólo un octavo de punto porcentual de este mercado de $1,600 millones de dólares, ¡tendremos ventas de $2 millones al año!". Esto no sólo hace que cualquier inversionista o banquero pierda todo interés, sino que conduce a desastrosas decisiones de negocios. Puesto que sus recursos son limitados, limite sus mercados. Es necesario que pueda al menos poner a sus mejores prospectos al tanto de quién es usted y qué puede hacer por ellos.

Nota importante

Si no tiene competidores, ello es un indicio de que, o carece de una idea de negocio viable, o no ha comprendido cabalmente cuál es realmente su negocio. Theodore Levitt, en un ensayo clásico titulado *Marketing Myopia* (*Miopía mercadotécnica*), señaló que, hace algunos años, Hollywood decidió que su negocio era el cine y la televisión no era su competencia. Después de perder miles de millones de dólares en negocios contra este novel medio de comunicación, Hollywood finalmente entendió que su negocio era el entretenimiento, no sólo el cine, y comenzó a competir con éxito.

Segmentación de mercados

Palabra clave

La **segmentación de mercados** es un método para organizar y clasificar a las personas u organizaciones que, según su criterio, van a adquirir sus productos. Consiste en observar a sus clientes y advertir sus características obvias, para luego examinar mercados más amplios en busca de grupos de personas con características iguales o similares. Por ejemplo, suponga que usted vende servicios de contabilidad computarizados a propietarios de pequeños negocios y que cuenta como clientes con varias agencias de autos que están encantadas con su servicio y su pericia. Aproveche su punto fuerte: usted es experto en el mercado de agencias de automóviles. Busque primero más agencias del mismo tamaño aproximado y ubicadas en la misma área geográfica. Después, busque negocios similares (agencias de camiones, agencias de tractores) para ampliar su mercado. O bien, si tiene más éxito en el trato con mujeres propietarias de agencias de autos, busque más agencias (de autos, camiones, equipo agrícola) cuyos propietarios sean mujeres. La regla que aquí se aplica es que el éxito conduce a un éxito mayor, así que, una vez que disponga de buenos clientes, busque más personas similares a esos buenos clientes. Esto es lo que se pretende al segmentar el mercado.

Supongamos que su negocio es la venta de revistas de historietas. Un estudio demográfico de su base de clientes le indicaría probablemente que un "buen prospecto" típico es de sexo masculino, tiene poco más de 20 años, su ingreso es bajo y es principalmente estudiante, no empleado (véase la tabla 3.2). Incluso con sólo esta información demográfica, usted contaría con un perfil de cliente valioso (y definidor del mercado) que puede constituir la base de investigaciones posteriores encaminadas a dar mayor precisión al perfil.

Haga una estimación del potencial de mercado

¿De qué tamaño es su mercado? A veces esto se calcula fácilmente. Si vende usted a un mercado local, puede obtener datos del censo y mapas que le muestran cuán-

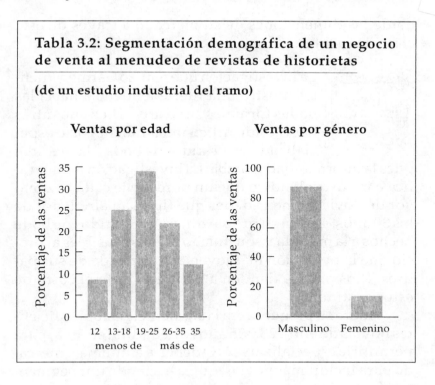

Tabla 3.2: Segmentación demográfica de un negocio de venta al menudeo de revistas de historietas

(de un estudio industrial del ramo)

Ventas por edad

Ventas por género

tas personas viven o trabajan en su área de mercado. Puede conseguir conteos de tránsito, si los datos son importantes para usted: suelen estar disponibles en fuentes locales como las cámaras de comercio o los bancos. Las comisiones y departamentos de planificación económica pueden ayudarle si les indica con claridad cuál es su área de mercado y qué clase de personas espera usted identificar dentro de la misma.

Si su mercado es de negocio a negocio, puede obtener un conteo de clientes en perspectiva con base en listas de correos (consulte el *Standard Rate & Data Service* en su biblioteca). Examine la Sección Amarilla del directorio telefónico y póngase en contacto con su Cámara de Comercio para obtener información sobre negocios de su localidad. Algunas veces tendrá que ser astuto y persistente, pero por lo general podrá darse una idea aproximada de las dimensiones de su mercado a través de esta clase de fuentes.

 La investigación que realizó Carmen Fuentes mostró una fuerte tendencia hacia las bodas formales en su área. Diez años atrás habría sido difícil iniciar un negocio especializado en vestidos de boda a la medida, pues la informalidad reinaba. La investigación demográfica e industrial indicó que un porcentaje cada vez mayor de novias tienen edades que fluctúan alrededor de los 30 años, gastan su propio dinero en vestidos de boda hechos a la medida y son mucho menos sensibles al precio que la población más joven que depende de sus padres. (Los padres tienden a palidecer ante el costo de estos vestidos.)

Ahora su pregunta era la siguiente: ¿Habrá suficientes novias de entre 28 y 35 años de edad, en su área, para permitirle especializarse? ¿O debería ampliar su mercado para incluir más novias, quizá haciendo una segmentación por ingreso o domicilio?

No existe una respuesta correcta para esta clase de preguntas. Carmen decidió guiarse por su intuición y enfocarse directamente a las novias de 28 a 35 años de edad. Nadie más en su área de mercado geográfica tenía como mercado objetivo algo más específico que "mujeres jóvenes", lo que le proporcionaba un soporte para hacerse de una posición. Nadie más estaba diseñando y cosiendo trajes de boda a la medida... o, si tenían la capacidad para hacerlo, no lo anunciaban.

Carmen calcula que tendrá que dar servicio a 30 bodas al año, a un promedio de $2,000 por boda, para alcanzar sus metas financieras. Llamó a los periódicos locales y obtuvo una cifra aproximada del número de bodas formales que se celebraron en su área de mercado durante el año anterior: de 12 a 25 por semana, según la época del año, o alrededor de 750 por año. Esto significaba que tendría que capturar el cuatro por ciento del mercado, una cifra que consideraba que podría alcanzar.

Preparación para la Práctica Personal #15:
Cómo segmentar mi mercado:
de consumidores e industrial

Cuando segmente su mercado de consumidores en la Práctica Personal #15, utilice un enfoque a grandes rasgos. ¿Son sus clientes jóvenes, de edad madura, de edad avanzada? ¿Son ricos, pobres, tienen ingresos medios? ¿Tienen estudios de preparatoria o de nivel universitario? ¿Viven en un vecindario o área local identificable?

Si vende a otros negocios u organizaciones en vez de consumidores, utilice su código SIC, su ubicación geográfica, sus características y otras variables como el uso del producto, las necesidades de servicio y las políticas de adquisición para segmentar el mercado.

Práctica Personal #15
Cómo segmentar mi mercado - de consumidores

Edad (rango)
De 28 a 35 años

Género
(Masculino o femenino)
Ambos contribuyen financieramente

Ingreso (rango)
Mujeres: $36,000 al año   Hombres: 40,000 al año

Ocupación
Empleados

Nivel educativo
Educación universitaria

Domicilio (casa)
Suburbios

Estilo de vida
Las parejas están <u>muy</u> ocupadas.
¡Poco tiempo! / ¡Quieren servicios personalizados!

Otros
Trabajos a la medida - bodas exclusivas

Cómo segmentar mi mercado - industrial

Código SIC de Clasificación Industrial Estándar (de preferencia de cuatro dígitos)

> 3663 - Equipo de radiodifusión y comunicación
> 3625 - Relevadores y controles industriales
> 3812 - Sistemas e instrumentos de navegación
> 3823 - Instrumentos industriales

Ubicación geográfica (por ejemplo, condados, áreas metropolitanas, estado, región multiestatal, país, región multinacional, etcétera)

> Wisconsin, Minnesota y norte de Illinois

Características dimensionales, por ejemplo, volumen anual de ventas, volumen de adquisiciones, número de empleados / trabajadores de producción, número de establecimientos, etcétera

- Menos de $10 millones en ventas anuales
- Por lo común operaciones de una sola planta
- Los clientes suelen requerir menos de $100,000 de producto (contratos pequeños)

Otras variables (por ejemplo, cómo se usa el producto, clase de compra, necesidades de servicio, políticas de adquisición, etcétera)

> El producto se usa como parte componente.
> Puede ser una compra nueva, compra normal o compra repetida.
> Oferta para contratos abiertos, para entrega en 24 horas.

Práctica Personal #15
Cómo segmentar mi mercado - de consumidores

Edad (rango)
Género **(Masculino o femenino)**
Ingreso (rango)
Ocupación
Nivel educativo
Domicilio (casa)
Estilo de vida
Otros

Cómo segmentar mi mercado - industrial

Código SIC de Clasificación Industrial Estándar (de preferencia de cuatro dígitos)

Ubicación geográfica (por ejemplo, condados, áreas metropolitanas, estado, región multiestatal, país, región multinacional, etcétera)

Características dimensionales, por ejemplo, volumen anual de ventas, volumen de adquisiciones, número de empleados / trabajadores de producción, número de establecimientos, etcétera.

Otras variables (por ejemplo, cómo se usa el producto, clase de compra, necesidades de servicio y políticas de adquisición)

¿Hay lugar para usted?

Ahora es necesario averiguar si hay lugar para otro competidor (usted) en este mercado.

Durante su investigación sobre información del ramo es posible que haya encontrado estadísticas que sugieren el número de personas necesarias para sostener el tipo de negocio que desea iniciar. A esto se le llama *nivel de umbral*, el tamaño de mercado mínimo necesario para sostener un tipo de negocio determinado.

Si su negocio indicó que se necesitan 10 mil personas para sostener una ferretería, y en su área de mercado hay 40 mil, podría concluir que cuatro ferreterías llenarían las necesidades del mercado. Si actualmente hay tres, puede haber lugar para una cuarta. Si ya existen seis tiendas de esta clase, es probable que no haya espacio suficiente para otro competidor.

El análisis de umbral puede ser una herramienta útil, pero conviene que tenga cuidado al usarla para determinar si hay lugar para usted en el mercado. Una ferretería grande y eficiente puede atender adecuadamente a 40 mil personas. Tome en cuenta la presencia de competidores como las tiendas de descuento de suministros para la construcción. Si existen seis ferreterías en un mercado que teóricamente sólo puede sostener cuatro, eso no significa automáticamente que no hay espacio para la suya. Si su negocio puede satisfacer mejor las necesidades del mercado, los clientes acudirán en tropel a su tienda. Utilice el análisis de umbral como indicador preliminar, pero siempre investigue más a fondo y examine minuciosamente su mercado.

Análisis de competidores: en busca de la competencia

¿Qué es el análisis de competidores y por qué es tan importante?

Este análisis le ayuda a responder preguntas como las siguientes:

- ¿Quiénes son sus competidores directos?
- ¿Quiénes son sus competidores indirectos?
- ¿Cómo y qué puede aprender de su competencia?
- ¿Qué tan bien se sostiene su ventaja competitiva?

Todos los negocios tienen competencia. A usted le conviene saber quiénes son sus competidores y qué están haciendo. Si un mercado está sobreatendido (demasiados competidores), quizá sea mejor modificar sus planes.

¿Contra quiénes va a competir?

Es fácil identificar la competencia directa.

Busque en la sección amarilla, como lo hacen los consumidores, y vea cuántos competidores están incluidos. Camine por la calle principal de la población, si es que va a abrir un negocio minorista en la calle principal. Si cuenta con diarios locales, revíselos si su mercado es local, pues le conviene ver quién está en el mercado y quién está entrando o saliendo del mismo; además, haga una visita al editor o editores de la sección de negocios. Intente adquirir el producto o servicio: la forma que usted emplee para encontrar un proveedor es la misma que utilizan los demás.

Si sus mercados no son locales, el problema de identificar a su competencia no es más complicado. Supongamos que vende un producto a fabricantes. Existen libros con listas de éstos. Por ejemplo, el *Thomas's Register*, que está en todas las bibliotecas, incluye a los fabricantes de todo el país. Los departamentos económicos de cada estado tienen listas de los fabricantes ubicados en él, de las cuales se pueden obtener útiles listas de prospectos y también una idea del tamaño del mercado. Las publicaciones especializadas que aceptan anuncios son un buen medio para identificar competidores: ¿quién está adquiriendo espacio publicitario? Solicite un paquete *de medios* (*media kit*), el cual le proporciona información acerca de las dimensiones y características de los lectores, así como varios números donde podrá ver quiénes se anuncian.

Sus competidores indirectos son los que venden productos o servicios a su mercado (aunque no exactamente lo que usted vende): ellos compiten por el dinero de su mercado. Por ejemplo, los fabricantes de juegos electrónicos portátiles tienen que enfrentar una creciente competencia por parte de los juegos para computadora personal. Con el advenimiento de la tecnología de CD-rom y las computadoras personales más pequeñas, esta competencia indirecta no hará sino aumentar.

Preparación para la Práctica Personal #16: ¿Quiénes son mis competidores?

Averigüe quiénes son sus competidores. Comience su estudio nombrando a sus competidores en la siguiente Práctica Personal.

Antes de empezar, observe cómo completó Carmen Fuentes esta Práctica. Vea a quiénes anotó como sus competidores.

Notas personales:

_____

_____

_____

_____

Práctica Personal #16
¿Quiénes son mis competidores?

Elabore una lista de los competidores con los cuales estaría en competencia directa. A continuación, enumere a los que considere competidores indirectos o potenciales.

Mis competidores directos son:

1.   Recepción Nupcial

2.   Diseños Celia

3.

4.

5.

Otros competidores (incluya los indirectos y potenciales):

1.   Tienda Departamental Jiménez

2.   La futura novia

3.   J. Fernández

4.

5.

Práctica Personal #16
¿Quiénes son mis competidores?

Elabore una lista de los competidores con los cuales estaría en competencia directa. A continuación, enumere a los que considere competidores indirectos o potenciales.

Mis competidores directos son:

1.

2.

3.

4.

5.

Otros competidores (incluya los indirectos y potenciales):

1.

2.

3.

4.

5.

Reúna información acerca de sus competidores

Ahora que ya tiene una lista de competidores, empiece a conocerlos. Todos los negocios tienen competencia. Haga una lista de sus cinco competidores directos más cercanos y comience a reunir información sobre ellos. Recorte y coleccione copias de sus anuncios, tome nota de sus observaciones acerca de ellos, visítelos en plan de cliente. Ponga todo esto en su carpeta de argollas y en unas semanas se sorprenderá de cuánto ha aprendido acerca de su competencia.

Algunas de las preguntas que le conviene plantear son:

¿Qué mercados están atacando y cómo? Examine sus anuncios y otras promociones. Hable con sus clientes. Vaya de compras con ellos. Observe quiénes entran en sus tiendas u oficinas. Hable con vendedores y proveedores.

¿Qué tan grandes son? En términos de ventas en dinero, número de empleados o cualquier otra medida. ¿Son parte de un negocio más grande, o son independientes? (En el primer caso, puede obtener información acerca de ellos con base en los informes anuales.)

¿Cuánto tiempo han estado en operación? La longevidad puede ser una poderosa herramienta competitiva.

Todos los hechos y cifras que pueda obtener le ayudarán a entenderlos mejor. Si limita su investigación a unos cuantos competidores directos, podrá obtener más información valiosa, más detallada, que si trata de entender a todos los posibles competidores. Conserve en lo posible la sencillez.

La investigación puede ser directa. Los Serdán comenzaron por contar el número de posadas incluidas en la sección amarilla del directorio telefónico; encontraron 49 competidores potenciales, y advirtieron que sólo una tenía un anuncio de cinco centímetros. Revisaron luego varias guías turísticas y libros de viajes en su biblioteca, para ver si se incluían algunas posadas locales. Había tres. Consiguieron una guía de viajes de la American Automobile Association para su estado y buscaron competidores locales; encontraron varios que no aparecían en la sección amarilla.

La información de la asociación industrial no fue muy alentadora. Había demasiadas posadas y los competidores se distinguían poco entre sí. Los atractivos principales que proclamaban eran edificios de interés histórico, ubicación céntrica, o vista panorámica y "excelentes pastelillos".

Siguiendo el consejo de algunos propietarios de posadas fuera de su localidad a quienes conocieron en sus recorridos, los Serdán enfocaron luego su atención hacia encargados de organizar reuniones de negocios, asesores de bodas, propietarios de tiendas para novias, servicios de banquetes y florerías. Con esto se puso de manifiesto la necesidad de un lugar de reunión de precio medio, con capacidad limitada de alojamiento para pasar la noche, un nicho que piensan explorar más a fondo.

Preparación para la Práctica Personal #17: ¿Cómo compiten mis competidores?

Para la Práctica Personal #17, obtenga varias copias de la forma para recolectar información, una por cada competidor al que desee conocer mejor. ¿Cómo están compitiendo? ¿Qué están promoviendo, anunciando, usando para destacar? El mejor modo de realizar esta Práctica es en el campo: visite al competidor, vea dónde y cómo se anuncia, hable con sus proveedores, clientes y otras partes interesadas.

Como anticipo de la Práctica siguiente, observe cómo llenó Carmen Fuentes la forma para uno de sus competidores.

Práctica Personal #17
¿Cómo compiten mis competidores?

Competidor: Diseños Celia

Describa a este competidor:

Precio   Calidad y precio inferiores a mi producto

Servicios   Sólo vestidos; no ofrece accesorios

Comodidad   ¡Rápidamente entregan los vestidos!

Ubicación   Desde su casa

Publicidad   De boca en boca

Otras maneras de competir (especifique)

    ¡Publicidad! Sección amarilla, letrero, diario local
    Mercado: grupo de 28-35 años de edad
    Extremo alto, diseños a la medida

Práctica Personal #17
¿Cómo compiten mis competidores?

Competidor:

Describa a este competidor:

Precio

Servicios

Comodidad

Ubicación

Publicidad

Otras maneras de competir (especifique)

Su ventaja competitiva

Su negocio se define en parte por su competencia. Casi todas las empresas operan dentro de parámetros bastante estrechos: todas las tiendas de abarrotes ofrecen más o menos los mismos artículos. Una ferretería se parece mucho a cualquier otra. Los abogados son intercambiables. Dentro de estos límites de producto, servicio y distribución, existen múltiples medios para destacar del resto. Una tienda de abarrotes podría ofrecer una gama particularmente amplia de productos congelados. Una ferretería podría contar con una importante división de refacciones para automóvil. Un abogado se puede especializar en planes de sucesión para propietarios de pequeños negocios.

Ahora que ya sabe lo que su competencia está haciendo, regrese a la Práctica Personal #11: vaya de compras. ¿Qué podría hacer ahora, tomando en cuenta lo que ya conoce, para mejorar o modificar su ventaja competitiva?

Preparación para la Práctica Personal #18: ¿Qué voy a hacer al respecto?

Entender a su competencia es una parte fundamental del marketing. Sus estrategias de promoción y su éxito en ventas se verán influidos por su capacidad para distinguir su negocio de su competencia. Si conoce lo que sus competidores están haciendo, va por buen camino para diferenciar su negocio de los de ellos.

¿Qué va a hacer para competir? Utilice la Práctica Personal siguiente como ayuda para generar ideas que lo distingan de la competencia.

Notas personales:

_____

_____

_____

_____

Práctica Personal #18
¿Qué voy a hacer al respecto?

Dedique tiempo a pensar en ideas de ventajas competitivas. Esto puede ser divertido y al mismo tiempo informativo.

Pruebe la "Técnica individual de tormenta de ideas en 10 minutos", que funciona así:

Genere tantas ideas como pueda en un periodo de 10 minutos. Póngalas por escrito, dibújelas, díctelas a una grabadora. La meta es generar ideas sin editarlas ni criticarlas. Lo importante es la cantidad. Cuantas más, mejor.

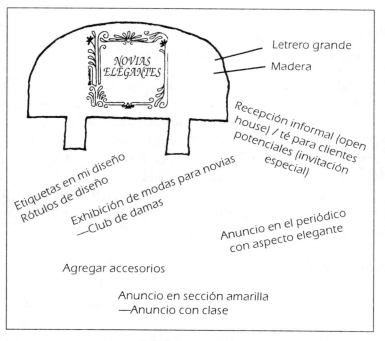

Ahora, tome algunas de sus mejores (o más locas) ideas y coméntelas con sus amistades. ¿Cuáles podrían funcionar? ¿Cuáles le servirán para competir? Aplique la técnica básica de tormenta de ideas: cuantas más ideas se le ocurran, más probabilidades habrá de que una o más den origen a una fuerte ventaja competitiva.

Práctica Personal #18
¿Qué voy a hacer al respecto?

Dedique tiempo a pensar en ideas de ventajas competitivas. Esto puede ser divertido y al mismo tiempo informativo.

Pruebe la "Técnica individual de tormenta de ideas en 10 minutos", que funciona así:

Genere tantas ideas como pueda en un periodo de 10 minutos. Póngalas por escrito, dibújelas, díctelas a una grabadora. La meta es generar ideas sin editarlas ni criticarlas. Lo importante es la cantidad. Cuantas más, mejor.

Ahora, tome algunas de sus mejores (o más locas) ideas y coméntelas con sus amistades. ¿Cuáles podrían funcionar? ¿Cuáles le servirán para competir? Aplique la técnica básica de tormenta de ideas: cuantas más ideas se le ocurran, más probabilidades habrá de que una o más den origen a una fuerte ventaja competitiva.

Reconsidere su ventaja competitiva

Es muy factible que se encuentre con que es necesario reconsiderar lo que lo va a distinguir. Los propietarios de empresas que tienen éxito suficiente para seguir en el negocio son lo bastante astutos para encontrar los medios que les permiten hacer que sus negocios destaquen, y usted podría toparse con que ya se han adueñado de "su" ventaja competitiva. Eso está bien: siempre podrá hacer algo más, o hacer mejor lo que ellos hacen, o encontrar la manera de darles la vuelta. Ésta es la razón por la que se debe hacer un estudio de mercado y de la competencia.

Ha completado el Paso 3

En el Paso 3 usted identificó su industria y las tendencias de la misma.

Estimó las dimensiones de sus mercados y su probable participación en los mismos.

Averiguó quiénes son sus competidores y comenzó a investigar sus puntos fuertes y débiles, para descubrir si hay lugar en el mercado para su negocio.

Regresó a la Práctica Personal #11 y evaluó una vez más su ventaja competitiva a la luz de sus conocimientos más recientes.

Finalmente, determinó si su idea de negocio es o no razonable desde el punto de vista del mercado. Si la respuesta fue NO, hay más trabajo por hacer: reconsiderar la idea, el producto, los servicios y los mercados. Incluso podría dejar de lado su idea en este punto y decidirse a comenzar de nuevo desde cero con una nueva.

Si la respuesta fue SÍ, entonces está listo para continuar con el Paso 4: el punto de vista financiero, y determinar si su idea pasa la barrera final de viabilidad antes de lanzarse a la aventura. ¿Es razonable desde el punto de vista financiero?

Ahora continuará con el Paso 4, contando con:

Fuentes que le ayudarán a determinar su Código SIC y las tendencias de la industria.

Prácticas Personales que le servirán para analizar su idea de negocio en términos de su industria, su mercado objetivo y competencia.

Información acerca de tendencias del mercado y ciclos de vida de éste.

Información recopilada sobre competidores que le ayudará a determinar su ventaja competitiva.

Use esta lista de comprobación para verificar su avance hasta este punto de la guía. Marque los incisos que haya completado. Si es necesario, vuelva atrás y complete las actividades que haya pasado por alto.

Paso 3
Lista de comprobación personal

❏ Determiné cuál es mi industria.

❏ Consulté libros de referencia para localizar información
del ramo.

❏ Determiné qué posición ocupa mi industria en el ciclo
de vida industrial.

❏ Identifiqué las tendencias en mi industria (Práctica
Personal #13).

❏ Identifiqué las características y beneficios de mi
producto o servicio (Práctica Personal #14).

❏ Determiné quiénes van a ser mis clientes (Práctica
Personal #15).

❏ Estudié a mi competencia y determiné cuál será mi
ventaja competitiva (Prácticas Personales #16, 17 y 18).

¿ES RAZONABLE SU IDEA DESDE EL PUNTO DE VISTA FINANCIERO?

Un negocio se monta para ganar dinero. Si el suyo no gana dinero, es decir, no cubre todos sus gastos de manera oportuna, no durará mucho tiempo.

Cuando haya completado el Paso 4, usted será capaz de:

- Hacer una estimación razonable de sus costos de arranque
- Fijar un presupuesto preliminar de operación
- Aplicar el concepto de punto de equilibrio al negocio propuesto
- Saber dónde puede obtener dinero para el arranque
- Determinar si su idea de negocio es razonable desde el punto de vista financiero

Por qué es necesario el análisis financiero

Palabra clave

La razón individual más común del fracaso de un pequeño negocio es la falta de efectivo a causa de una subcapitalización. Un negocio que inicia está **subcapitalizado** si no tiene suficiente **capital** (efectivo más crédito disponible) para cubrir todos sus costos de arranque *más* un "colchón" para las pérdidas esperadas durante el arranque. Es posible estimar estos costos y necesidades con un alto grado de exactitud, y las estimaciones no son mágicas; son simplemente el resultado de la aplicación paciente del sentido común a una serie de preguntas que se incluyen en las formas que aparecen más adelante.

No intente adivinar las necesidades de capital para el arranque de su negocio. Es demasiado riesgoso.

Dos tipos de viabilidad financiera

Capital

Es necesario tener el capital adecuado para iniciar un negocio. Si no dispone de suficiente efectivo y crédito para un buen comienzo, no podrá darse el lujo de abrir un negocio.

Ingresos de operación

Palabra clave

Una vez que su negocio haya comenzado a funcionar, deberá generar el **ingreso** suficiente para cubrir todos sus gastos. En la mayoría de los casos, desarrollar ese nivel de ingresos de operación toma tiempo, quizá varios meses. En consecuencia, casi todos los negocios pequeños necesitan algunos fondos adicionales para salir adelante hasta que las operaciones aporten el efectivo suficiente. Usted puede calcular cuánto es lo que probablemente va a necesitar y, si cuenta con ese "colchón" (y siente que puede permitirse el lujo de perderlo si las cosas no resultan bien), puede seguir adelante con confianza.

¿Qué incluye el análisis financiero?

- Una estimación en detalle, con base en cifras reales, de los costos del arranque
- Un presupuesto de operación para los primeros meses de operación
- Un análisis de punto de equilibrio que le ayudará a identificar cuántas unidades tiene que vender para cubrir todos sus gastos
- Una breve descripción de las fuentes tradicionales de fondos para el arranque, para darse una idea de dónde podría obtener capital de arranque adicional (aunque esto no es realmente parte del análisis financiero, le ayudará a decidir a dónde recurrir si necesita más capital)

Use su análisis financiero

Su análisis financiero le permitirá identificar debilidades en las áreas de Concepto y de Clientes, que de otra manera podrían pasar desapercibidas. Una idea puede parecer sólida, pero luego de trabajar con los números, quizá resulte que es menos rentable de lo que esperaba. A veces basta con algunos ajustes menores a su plan para hacerlo rentable: tal vez se requiera reducir costos o aplicar un marketing diferente. Pero hay ocasiones en que

Nota importante

Muchos libros que tratan acerca de cómo iniciar un negocio propio señalan que es posible que el dueño no logre obtener un sueldo de éste durante dos o tres años. Si usted calcula sus gastos de esta manera, le conviene responder la siguiente pregunta: ¿en verdad deseo iniciar un negocio que no genere un salario durante dos años?

el análisis financiero muestra que la idea fundamental tiene una falla irreparable, en cuyo caso tendrá que comenzar todo de nuevo. Éste no es un mal resultado de un análisis financiero. Siempre es posible hacer un nuevo intento con una idea más promisoria.

Es más probable que encuentre que no tiene suficiente efectivo a la mano para cubrir los gastos de arranque y los fondos para la operación inicial. En este caso, puede reducir las dimensiones de su empresa, posponer el arranque hasta que tenga la cantidad adecuada de efectivo para comenzar sin peligro, o buscar más efecti-

vo de un inversionista. Pero recuerde: si no puede demostrar claramente la rentabilidad de su empresa, nadie querrá invertir en ella. (Esto lo incluye a usted, que es quien hará la inversión más grande.)

Su análisis financiero es la pieza final del análisis de viabilidad previo al arranque de su empresa. Si su conclusión es que el negocio propuesto es razonable desde este punto de vista, el paso siguiente consistirá en redactar un plan de negocios en el cual tendrá que examinar las implicaciones financieras de su idea de negocio con todo detalle.

Por el momento, sin embargo, el propósito es sólo responder la pregunta: "¿Es razonable mi idea desde el punto de vista financiero?". Las tres formas que se incluyen en la Práctica Personal siguiente, respaldadas por un análisis informal del punto de equilibrio, le proporcionan un medio realista para responderla.

Cuente con una estimación detallada de sus gastos de arranque

"Quien comienza bien ya ha recorrido la mitad del camino." Si usted inicia su negocio con el pie derecho (es decir, con capital suficiente para echarlo a andar sin apuros de efectivo), sus probabilidades de éxito aumentan considerablemente. Una parte del rompecabezas se compone de los costos de arranque para el inventario inicial, mejoras al local arrendado, licencias y todos los demás gastos que se hacen una sola vez y en los que se incurre al abrir un negocio.

Estos costos pueden reducirse adquiriendo equipo de segunda mano o prestado, alquilando espacio y rentando el equipo en vez de adquirirlo, pero la cantidad total será probablemente mayor de lo que usted espera.

Nunca subestime los peligros que representa una subcapitalización. Obtenga cifras reales. Si son manejables, excelente. Si no lo son, quizá pueda hallar maneras de reducirlas. No siga adelante hasta que esté bien seguro de que se puede dar el lujo de poner un negocio.

Importancia de la exactitud

Palabra clave

Es importante ser exacto y descriptivo, y utilizar fuentes de **proveedores** para calcular los costos del arranque; no trate de adivinarlos.

El proceso de revisar una y otra vez los costos de arranque en busca de ahorros y formas de reducir éstos sirve como una magnífica práctica para dirigir su negocio en la realidad. La administración cuidadosa del efectivo es una de esas habilidades de negocios que marca la diferencia entre el éxito y el fracaso.

Sus costos de arranque proyectados serán exactos si habla con proveedores, consulta catálogos y listas de precios y busca precios reales (no aproximados). No adivine. Una lista profesional de activos le ayudará a construir credibilidad, en especial si puede demostrar que ha hecho efectivamente todo lo razonable para mantener sus costos bajos.

La exactitud también rinde frutos cuando usted se sienta frente a su funcionario bancario y le explica por qué necesita pedir dinero a crédito para abrir. La parte de los costos de arranque que usted paga personalmente aparecerá como parte de su inversión en el negocio y, en ocasiones, se puede usar como garantía colateral para un crédito. En el banco esperan escuchar hechos, no conjeturas.

¿Cómo saber cuánto costará el arranque de su negocio? Es aconsejable organizar sus costos ayudándose con las formas de la Práctica Personal #19. Antes de trabajar con ellas, veamos cómo las llenó Carmen Fuentes.

Carmen ha examinado tres lugares que considera podrían ser idóneos para su negocio, e incluso ha llegado a hablar del alquiler con los propietarios. Uno de sus criterios para seleccionar un local es que requiera poco en términos de acondicionamiento.

Carmen cuenta con algunos estantes para guardar cosas, pero desea agregar unos cuantos anaqueles para almacenamiento. Ella y su esposo se encargarán de construirlos e instalarlos, por lo que su inversión se limita a los materiales. También van a construir e instalar vitrinas de exhibición, anaqueles y mesas.

Carmen no necesita una caja registradora, o al menos así lo considera; desea aumentar la capacidad de su computadora y adquirir un paquete de software para contabilidad. Esto agrega $1,200 a sus costos de arranque, pero espera que esta inversión se pague por sí sola, pues le permitirá llevar ella misma sus libros.

El sistema telefónico incluye nuevas líneas y un teléfono elegante, congruente con su imagen de alto nivel.

En la tabla siguiente se muestran todos los enseres, muebles y equipo que Carmen requiere.

Parte 1: Lista de muebles, enseres y equipo

Elimine o agregue conceptos de acuerdo con su negocio. Utilice hojas por separado para enumerar exactamente lo que necesita para cada uno de los conceptos indicados.	Si piensa pagar el total en efectivo, anote la cantidad completa abajo y en la última columna.	Si va a pagar a plazos, anote el pago inicial más los pagos parciales de tres meses.	Estimado del efectivo que necesita para muebles, enseres y equipo.
Mostradores			
Anaqueles y estantes de almacenamiento	500		
Vitrinas, anaqueles y mesas de exhibición	1,500		
Caja registradora			
Computadoras y software	1,200		
Equipo de comunicación (sistemas telefónicos, fax)	500		
Copiadoras			
Caja de seguridad			
Accesorios para el escaparate			
Iluminación especial			
Letreros exteriores	700		
Equipo para entrega	1,600		
Otros (especifique)	400		
Total: muebles, enseres, equipo. Anote en Parte 2: Costos de arranque que sólo tiene que pagar una vez.	6,400		6,400

La instalación de letreros está regulada por la zonificación, así que, en vez de un letrero, Carmen hará que un pintor local pinte el nombre (Novias elegantes) y un diseño apropiado en la puerta de vidrio y en el escaparate.

Los costos de decoración y remodelación comprenden principalmente limpieza y un poco de pintura. Si Carmen no hubiera seleccionado locales pensando en los costos de acondicionamiento, éstos podrían haber sido considerablemente más altos.

Ella y su esposo se encargarán de instalar el equipo; Carmen dispone de $4,800 en equipo para corte y costura. Véase su estado financiero personal en el Paso 1.

Gracias a su negocio de tiempo parcial, Carmen dispone de algún inventario.

El cálculo de los depósitos, honorarios jurídicos y contables, licencias y permisos y costos promocionales de apertura es muy sencillo: le bastó con hacer algunas llamadas telefónicas.

Su "colchón" de efectivo (capital de trabajo) es una conjetura, hecha con base en su experiencia.

El efectivo total estimado que necesita es $11,800. Carmen dispone de una parte ($3,750) y podría tomar a crédito parte del fondo para educación si necesita más. Los $4,800 en equipo serán parte de su inversión en el negocio.

¿Cuál es su presupuesto de operación?

Palabra clave

Usted no tiene que hacerse contador para entender y utilizar un presupuesto. De hecho, ya está familiarizado con la elaboración de presupuestos pues maneja sus finanzas personales. Todo lo que su **presu-**

puesto de operación hace es poner por escrito las cantidades y tiempos esperados para los ingresos y gastos en un formato estándar que se puede usar para apoyar sus decisiones de negocios.

Su presupuesto de operación sirve para diversos propósitos. Le ayuda a mantener bajos los gastos, proporciona y apoya la autodisciplina financiera, y le ayuda a fijar límites de tiempo y metas susceptibles de medición; constituye una tarjeta de puntuación, un medio para apreciar cómo van las cosas, y si es necesario o no modificar ciertos comportamientos en el negocio. Es una herramienta indispensable para obtener efectivo, bien sea de alguna institución bancaria, de proveedores o inversionistas, y proporciona una comparación con la realidad: ¿Existe el peligro de que los gastos del negocio sobrepasen la capacidad de éste para generar ingresos?

El marco temporal apropiado para su presupuesto de operación

Palabra clave

Los presupuestos de operación abarcan un cierto periodo, por lo general un **año fiscal** (necesario para fines de impuestos), pero resultan más útiles si se descomponen sobre una base mensual o incluso semanal.

Nota importante

Su "colchón" de efectivo representa en realidad su tolerancia al riesgo. Cuanto mayor sea su tolerancia, menor será el colchón de efectivo que probablemente asigne en esta categoría.

Parte 2: Costos de arranque que sólo tiene que pagar una vez

Enseres y equipo	$6,400	xxxxxxxx	Anote el total de la Parte 1.
Decoración y remodelación	1,200	xxxxxxxx	Hable con el contratista.
Instalación de enseres y equipo	- 0 -	xxxxxxxx	Hable con los proveedores a los que piensa comprárselos.
Inventario inicial	1,000	xxxxxxxx	Pregunte a los proveedores.
Depósitos para servicios públicos	300	xxxxxxxx	Pregunte a las compañías de servicios.
Honorarios jurídicos y profesionales de otros tipos	500	xxxxxxxx	Pregunte a su abogado, contador, etcétera.
Licencias y permisos	50	xxxxxxxx	Averigüe en las oficinas municipales.
Publicidad y promoción para la inauguración	850	xxxxxxxx	Haga una estimación: pregunte a las agencias de publicidad.
Cuentas por cobrar		xxxxxxxx	Lo que necesitará para adquirir más existencias hasta que sus clientes le paguen.
Efectivo	1,500	xxxxxxxx	Para gastos inesperados, pérdidas, adquisiciones especiales, etcétera.
Otros (especifique)		xxxxxxxx	Haga una lista por separado y anote el total.
Efectivo total estimado que necesita para comenzar:	$11,800		Sume todas las cifras de la columna 1.

Para casi todos los negocios resulta más útil un presupuesto mensual, ya que ofrece tiempo suficiente para distribuir los gastos momentáneamente excesivos y a la vez es lo bastante corto para que, si descubre que algo va mal (o que va mejor de lo esperado), pueda adoptar medidas oportunas. La información de hace 12 meses puede llegar demasiado tarde para servir de algo, en especial durante los primeros meses de un arranque, cuando aún no se han establecido patrones confiables.

Pida orientación al respecto a su consejero del SBDC o a otro asesor financiero.

 Carmen considera que un salario de $24,000 al año estaría bien para ella como gerente. Sus pagos de seguridad social (conocidos como impuesto al autoempleo) serán de alrededor de $300 al mes (tomando como base el 15 por ciento de su salario). Observe que esto no incluye parte alguna de sus impuestos sobre la renta (federales o estatales) estimados, ni compensación por desempleo, o compensación al trabajador (porque no ha constituido una compañía y no tiene empleados adicionales). Todo esto varía de un estado a otro. Para obtener información respecto a su estado, póngase en contacto con el departamento de empleo del mismo.

El total de $4,220 en gastos por mes se usará en la sección siguiente, el análisis de punto de equilibrio, para conocer la decisión de Carmen Fuentes acerca de la viabilidad financiera de su empresa. En esta etapa se ve muy promisoria: sus gastos anuales equivalen a $50,640 (o 12 veces la cifra mensual), y ella considera que podrá vender el equivalente de $60,000 en productos o servicios.

Recuerde que Carmen está calculando un salario de $2,000 al mes; dado que es la dueña del negocio, sólo se le pagará después **de pagar todas las demás cuentas**. Por tanto, si no vende los 2.5 vestidos por mes que está considerando, su sueldo será inferior a $2,000 mensuales.

Tome esto en cuenta para determinar el "colchón" que necesita para iniciar el negocio.

Análisis del punto de equilibrio

Palabra clave

El **punto de equilibrio** se define como el nivel de ventas en el que no se tiene una **utilidad** y no se sufre una pérdida. Si usted vende por debajo de este nivel, perderá dinero; venda más y tendrá una utilidad.

El análisis del punto de equilibrio es una formidable comparación con la realidad. Si usted sabe que debe tener ventas de $100,000 para alcanzarlo, pero ha estimado que lo más probable es que sus ventas sean de $50,000, esto representa una señal clara y fuerte.

Nota importante

El arranque de un negocio puede depender del tiempo. Es decir, si su negocio tiene periodos de altas y bajas (la mayoría los tienen), su fecha de arranque puede determinar cuánto dinero necesitará efectivamente como colchón o para el arranque.

Preparación para la Práctica Personal #19: Costos estimados de arranque y presupuesto de operación

Utilice las formas presentadas en la Práctica Personal #19 para organizar sus costos de arranque y determinar su presupuesto de operación. Si lo desea, puede ver de nuevo cómo llenó Carmen Fuentes estas formas.

(1) Parte 3: Presupuesto de operación

Concepto	Gastos mensuales Columna 1	Gastos anuales Columna 2
Salario del propietario o gerente	$2,000	$24,000
Todos los demás salarios y sueldos	Ninguno por ahora	
Alquiler o hipoteca	600	7,200
Publicidad	400	4,800
Gastos de entrega	- 0 -	- 0 -
Suministros/materiales	500	6,000
Teléfono/fax	100	1,200
Servicios	150	1,800
Seguros	70	840
Impuestos (seguridad social únicamente)	300	3,600
Intereses	Ningún crédito	
Pago de créditos	Ningún crédito	
Mantenimiento	75	900
Honorarios profesionales	25	300
Varios		
Otros (especifique)		
Costos totales	$4,220	$50,640

Práctica Personal #19
Costos estimados de arranque
y presupuesto de operación

Parte 1: Lista de muebles, enseres y equipo

Elimine o agregue conceptos de acuerdo con su negocio. Utilice hojas por separado para enumerar exactamente lo que necesita para cada uno de los conceptos indicados.	Si piensa pagar el total en efectivo, anote la cantidad completa abajo y en la última columna.	Si va a pagar a plazos, anote el pago inicial más los pagos parciales de tres meses.	Estimado del efectivo que necesita para muebles, enseres y equipo.
Mostradores			
Anaqueles y estantes de almacenamiento			
Vitrinas, anaqueles y mesas de exhibición			
Caja registradora			
Computadoras y software			
Equipo de comunicación (sistemas telefónicos, fax)			
Copiadoras			
Caja de seguridad			
Accesorios para el escaparate			
Iluminación especial			
Letreros exteriores			
Equipo para entrega			
Otros (especifique)			
Total: muebles, enseres, equipo. Anote en Parte 2: Costos de arranque que sólo tiene que pagar una vez.			

Parte 2: Costos de arranque que sólo tiene que pagar una vez

Enseres y equipo		xxxxxxxx	Anote el total de la Parte 1.
Decoración y remodelación		xxxxxxxx	Hable con el contratista.
Instalación de enseres y equipo		xxxxxxxx	Hable con los proveedores a los que piensa comprárselos.
Inventario inicial		xxxxxxxx	Pregunte a los proveedores.
Depósitos para servicios públicos		xxxxxxxx	Pregunte a las compañías de servicios.
Honorarios jurídicos y profesionales de otros tipos		xxxxxxxx	Pregunte a su abogado, contador, etcétera.
Licencias y permisos		xxxxxxxx	Averigüe en las oficinas municipales.
Publicidad y promoción para la inauguración		xxxxxxxx	Haga una estimación: pregunte a las agencias de publicidad.
Cuentas por cobrar		xxxxxxxx	Lo que necesitará para adquirir más existencias hasta que sus clientes le paguen.
Efectivo		xxxxxxxx	Para gastos inesperados, pérdidas, adquisiciones especiales, etcétera.
Otros (especifique)		xxxxxxxx	Haga una lista por separado y anote el total.
Efectivo total estimado que necesita para comenzar:			Sume todas las cifras de la columna 1.

(1) Parte 3: Presupuesto de operación

Concepto	Gastos mensuales Columna 1	Gastos anuales Columna 2
Salario del propietario o gerente	8000	96,000
Todos los demás salarios y sueldos	5040	60,480
Alquiler o hipoteca	2,800	33,600
Publicidad		
Gastos de entrega	300	3600
Suministros/materiales		
Teléfono/fax	200	2400
Servicios	200	2400
Seguros		
Impuestos (seguridad social únicamente)		
Intereses		
Pago de créditos		
Mantenimiento	100	1200
Honorarios profesionales	1000	12,000
Varios		
Otros (especifique)		
Costos totales	17,640	208,080

Cómo calcular un punto de equilibrio básico

El punto de equilibrio se puede expresar matemáticamente. La fórmula es:

Punto de equilibrio (unidades) = Costos fijos/(Precio de venta - Costo variable unitario)

Se pueden calcular puntos de equilibrio para diversos periodos (anual, mensual, semanal o incluso diario). Puesto que Carmen calculó recientemente sus costos mensuales de operación, es posible calcular también su punto de equilibrio mensual, lo cual se demuestra como sigue:

1. Calcule los costos fijos. Los **costos fijos** son aquellos que permanecen constantes cualquiera que sea el nivel de las ventas. Para Carmen, dichos costos incluyen todos sus costos mensuales de operación *excepto*

Palabra clave

sus materias primas y suministros. Esto es,

$4,220 menos $500 = $3,720

2. Estime el precio promedio de venta. Recuerde que Carmen estimó que su venta promedio sería de $2,000.

3. Calcule los costos variables unitarios. Son los costos que varían direct*amente* con las ventas. Para Carmen, los únicos **costos variables** son sus materiales y suministros, que calcula serán del orden de $500 al mes.

Palabra clave

(Es importante señalar que su proporción de costos variables no es representativa, principalmente porque no tiene empleados que trabajen por hora.) Carmen ya había estimado que atendería a unas 30 novias por año, es decir, un promedio de 2.5 al mes. Sus costos variables unitarios serán:

$$\$500 / 2.5 = \$200$$

4. Calcule el punto de equilibrio. Si se insertan estas cantidades en la fórmula, su punto de equilibrio en unidades será:

$$\$3,720 / (\$2,000 - \$200) = 2.07 \text{ bodas al mes}$$

Esto se podría redondear a 2.0 bodas al mes.

5. Convierta a dinero. Si lo desea, Carmen puede convertir el punto de equilibrio recién calculado a una cifra en dinero, simplemente multiplicando 2.07 por $2,000 (el precio unitario promedio de venta).

Su punto de equilibrio es de $4,140 al mes.

Deficiencias del análisis de punto de equilibrio

Como el punto de equilibrio se basa en la relación entre los costos fijos y los variables, es necesario tener una idea muy aproximada de cuáles van a ser esos gastos y también un pronóstico de ventas razonablemente exacto. En un arranque, eso puede parecer difícil, pero recuerde que no tiene que saberlo todo; basta con saber dónde encontrar a las personas que tienen los conocimientos que usted necesita. El análisis financiero del tipo del punto de equilibrio es uno de esos lugares.

¿Cuántos platos de sopa?

Una forma de poner a prueba la realidad de su pronóstico de ventas es expresarlo en unidades acordes con el tipo de negocio. ¿Cuántas horas de trabajo de asesoría, cuántos cortes de cabello o cuántos platos de sopa representan el total? ¿Puede usted facturar esa cantidad de horas, hacer ese número de cortes o servir esa cantidad de platos?

 Basándose en su experiencia y su investigación, Carmen ha calculado que una boda promedio representará un ingreso de $2,000. Su punto de equilibrio de dos bodas al mes significa alrededor de $4,100 en ventas mensuales, o algo así como $49,000 por año.

Dado que estima que podrá atender un promedio de 2.5 bodas al mes, esto le proporciona un colchón de sólo media boda mensual. El negocio de las bodas depende mucho de la temporada. Es probable que tenga un número considerablemente mayor de bodas que el promedio de mayo a octubre, y menor de noviembre a abril. Carmen deberá estar preparada para esta variación.

Otra manera de enfocar el asunto es considerar que Carmen tendrá que alcanzar el 80 por ciento de su pronóstico de ventas (mensual o anual) antes de comenzar a tener una utilidad. Muchos propietarios de negocios no se sentirían cómodos con un margen de error tan pequeño. En *este nivel de análisis*, el plan de Carmen parece bastante razonable desde el punto de vista financiero. Sus riesgos en este renglón son pequeños, lo que un banquero tomaría en consideración en caso de que ella decidiera financiar su negocio con un crédito.

La ventaja del punto de equilibrio es que, dadas las fórmulas básicas, se puede expresar el punto de equilibrio de un negocio en términos de unidades vendidas, número de clientes, u otras cantidades conocidas similares. Un ejemplo es el del propietario de un pequeño restaurante que calculó su P/E en términos de platos de sopa que necesitaba vender al día, y descubrió que su restaurante no podía atender a suficientes clientes, incluso durante los periodos de mayor actividad, para acercarse al P/E; por tanto, modificó su estrategia de marketing hacia un establecimiento altamente rentable de comida para llevar y entrega a domicilio.

Resulta útil conocer el punto de equilibrio al proyectar y de hecho operar su negocio. El punto de equilibrio establece un objetivo o un mínimo que permite medir el avance; pero este parámetro es sólo uno entre muchas herramientas de análisis que los empresarios de éxito utilizan como ayuda para dirigir sus negocios.

Preparación para la Práctica Personal #20: ¿Es lo adecuado para mí?

Ha dado ya cuatro pasos que lo acercan a tener un negocio propio. Ahora está en condiciones de completar la siguiente y última Práctica Personal, para determinar si su idea de negocio pasa la prueba de viabilidad.

Práctica Personal #20
¿Es lo adecuado para mí?

¿Es razonable mi idea desde el punto de vista

personal?	Sí	No
de negocios?	Sí	No
del mercado?	Sí	No
financiero?	Sí	No

Ha completado el Paso 4

Con esto se completa el cuarto y último paso de su análisis de viabilidad de arranque.

Ha estimado usted sus costos de apertura, incluidos los gastos que se hacen una sola vez, y comparado el total con sus activos libres de gravamen o líquidos, para decidir de manera realista si cuenta con los medios para iniciar su negocio.

Ha establecido un presupuesto de operación, que incluye una lista de sus gastos mensuales con base en su proyección de ventas.

Ha llevado a cabo un rudimentario análisis de punto de equilibrio para determinar si su negocio tiene sentido desde el punto de vista financiero, y ha expresado esa cantidad de dinero en "platos de sopa" u otras unidades acordes con su idea de negocio.

Finalmente, ha determinado si su negocio vence o no todas las barreras de viabilidad: ¿Tiene sentido desde el punto de vista **personal? ¿De negocios? ¿Del mercado? ¿Financiero?** Si la respuesta a estas cuatro preguntas es SÍ, entonces está en condiciones de dar los pasos subsiguientes hacia el arranque de su propio negocio.

Ahora seguirá adelante, contando con:

 Instrucciones sobre cómo aplicar el concepto de punto de equilibrio a su propuesta de negocio.

Formas que le ayudarán a determinar sus costos estimados de arranque y su presupuesto de operación.

Fuentes con las que podrá ponerse en contacto para obtener asistencia en cuanto a preguntas y cuestiones financieras.

Use esta lista de comprobación para verificar su avance hasta este punto de la guía. Marque los incisos que haya completado. Si es necesario, vuelva atrás y complete las actividades que haya pasado por alto.

Paso 4
Lista de comprobación personal

❏ Determiné cuáles van a ser mis costos estimados de arranque (Práctica Personal #19).

❏ Establecí un presupuesto de operación preliminar (Práctica Personal #19).

❏ Hice un análisis de punto de equilibrio para determinar cuánto necesito vender.

❏ Respondí las cuatro preguntas importantes para determinar si mi idea de negocio va a funcionar (Práctica Personal #20).

UN PLAN DE NEGOCIOS

Después de completar esta guía y decidir que su idea de negocio es buena, el paso siguiente consiste en redactar un plan de negocios. Un plan de negocios es un documento breve donde se explica por escrito lo que el negocio va a ser, cuáles son los mercados para sus productos, qué porción de ese mercado se va a satisfacer y por qué el negocio tendrá éxito.

Un plan de negocios, que habrá de tener unas 20 páginas aproximadamente, incluyendo los estados financieros, es más que apropiado para casi todos los negocios pequeños. Existen excepciones, pero son poco comunes, y sus asesores le ayudarán a determinar si es necesario o no utilizar un formato más grande.

Es común que los bancos y otros inversionistas soliciten un plan de este tipo. Cuanto mayores sean las necesidades de financiamiento del negocio, mayor importancia adquiere el plan como herramienta de financiamiento. Una razón de más peso para redactarlo cuidadosamente y en detalle es que constituye un medio para elaborar un modelo del negocio que puede servirle para poner sus ideas a prueba a un costo bajo. Su análisis de viabilidad incluido en el currículum preparatorio para el inicio de la empresa es un punto de partida. El plan de negocios lleva mucho más lejos el análisis de viabilidad, hasta analizar cómo se va a poner en práctica el plan, quién se encargará de contratar empleados y cuándo, o de incorporar otros inversionistas, etc. Su plan es un económico seguro contra errores inevitables; funciona muy bien como herramienta de comunicación y como propuesta financiera.

El siguiente es un formato sugerido para su plan de negocios:

I. Resumen ejecutivo

Un enunciado breve de lo que trata el plan. Se puede usar para obtener efectivo de inversionistas o de un banco, en cuyo caso usted tendrá que mostrar a los inversionistas en perspectiva las razones por las que su inversión les resultará productiva.

II. El negocio

- Descripción del negocio
- Producto o servicio
- Mercado
- Competencia
- Operaciones (cómo se suministrará el producto o servicio)
- Personal
- Dirección

III. Estados financieros

- Pronóstico de ventas
- Estados de ingresos
- Estados de flujo de efectivo
- Análisis de punto de equilibrio
- Balance general
- Datos financieros históricos (en su caso)

IV. Apéndices

Éstos dependen de la naturaleza de la empresa, y pueden incluir historiales de los directivos, cartas de compromiso, material jurídico, folletos u otros materiales de promoción, y otros materiales que corroboran lo que se afirma.

Nota importante

Si está interesado en las opciones de financiamiento en esta etapa, ¡aguarde! Todas las instituciones exigen un plan de negocios como requisito para prestar dinero. Incluso si no necesita financiamiento externo, es indispensable que cuente con uno antes de arrancar.

Existen muchas fuentes de información y ayuda para redactar un plan de negocios. La mejor es su Small Business Development Center, que dispone de un cúmulo de experiencia en ayudar a gente en este proceso. Además, ofrecen talleres que le ayudarán a lo largo del proceso de planificación, así como libros y otros recursos que le facilitarán la tarea.

Fuentes de financiamiento: ¿dónde encontrar dinero para un arranque?

El 73 por ciento de los arranques se financian con los ahorros del propietario o con créditos de familiares y amigos F&A La mayoría del resto se inicia con una combinación de ahorros del propietario, F&A y financiamiento bancario. Unos cuantos recurren a otras fuentes de capital, como créditos adelantados de tarjeta de crédito, "prestamistas con base en activos" como Household Finance o Beneficial, pagos por adelantado de clientes, crédito de proveedores o créditos de diversos tipos respaldados por el gobierno. Unos pocos consiguen dinero para inversión de "ángeles" (inversionistas privados ricos), capitalistas de empresas de riesgo o venta de acciones.

A menos que su situación sea muy poco usual, usted mismo tendrá que aportar casi todo el dinero inicial. Aunque existen excepciones, son poco frecuentes; casi todos los inversionistas le exigirán que sus activos estén en el frente de batalla antes de poner los propios en el negocio.

Cada una de las fuentes de financiamiento siguientes tiene sus propios pros y contras. Use su criterio.

Opciones de financiamiento

Ahorros personales. Examine su estado financiero, el que elaboró en el Paso 2. La ventaja de utilizar sus ahorros personales es que no tiene que convencer a nadie de que su idea es buena. Es rápido. La desventaja es que podría perder su inversión.

Las fuentes más inmediatas de efectivo de que dispone son:

- Cuentas de cheques y de ahorro, certificados de depósito, venta de acciones o bonos, venta de bienes raíces u otras inversiones, reparto de utilidades o fondos para el retiro derivados de su empleo anterior.
- Créditos: usted puede pedir prestado contra activos tales como acciones y bonos, rehipotecar bienes raíces, obtener una segunda hipoteca o un crédito sobre el valor líquido de su vivienda, solicitar adelantos contra su tarjeta de crédito o créditos contra el valor en efectivo de seguros de vida.
- Considere otros activos (automóviles, botes, antigüedades, colecciones, joyería, etc.) que se podrían vender o dar como garantía colateral para un crédito.
- Considere la posibilidad de obtener un empleo de tiempo parcial o un segundo empleo para reunir efectivo adicional.

No hay forma de iniciar un negocio sin invertir sus propios ahorros y otros activos.

Nota importante

Los negocios de servicios tienen costos de arranque relativamente bajos. Los costos iniciales de los negocios de venta al menudeo y de producción son relativamente altos. Si no dispone de mucho efectivo, esto podría afectar su elección en cuanto al negocio en el que va a participar. Algo más importante es que si dispone de una cantidad limitada para invertir, lo mejor es que se asegure de que no sólo puede cubrir los costos de arranque, sino que además le queda capital suficiente para que el negocio siga adelante hasta que pueda sustentarse con base en sus ingresos de operación. Comenzar es sólo el principio.

Sus **familiares y amigos** podrían estar dispuestos a invertir dinero en el negocio propuesto, ya sea como capital contable (una participación del negocio) o como crédito.

A los inversionistas les interesa saber si una persona está suficientemente convencida de la bondad de su idea como para involucrar a familiares y amigos. Si la respuesta es no, no invertirán un centavo.

El lado negativo de la inversión de familiares y amigos es que puede haber complicaciones emocionales, pérdida de dinero y la consecuente pérdida de amigos. Conserve la apariencia formal de negocios de la propuesta y probablemente obtendrá buenos resultados.

Los familiares y amigos son también avales o cosignatarios o aportadores potenciales de garantías colaterales para créditos.

Recuerde, el aval o cosignatario es el que realmente corre el riesgo.

Los **socios** pueden ser una fuente estupenda de capital de arranque y pueden aportar mucho más que dinero al negocio. Algunas aperturas de negocio funcionan mejor con una estrategia de equipo: por ejemplo, un buen vendedor, un hábil ingeniero y un administrador.

Los pros y contras de tener socios están más o menos equilibrados. Del lado positivo, usted contará con un aliado tan comprometido con el negocio como usted, con activos adicionales que puede invertir y con habilidades que se suman a las suyas. Del lado negativo, usted tendrá que compartir las utilidades y, si las cosas no salen bien, deshacerse de un socio de negocios puede ser aún más desagradable que divorciarse.

 Moraleja: *acepte un socio sólo con gran precaución, y con una versión comercial de un acuerdo prenupcial.*

Los **créditos** son una fuente importante de fondos para compañías en etapa de arranque. El lado negativo de cualquier crédito es que pedir prestado es caro.

- La mayoría de los bancos otorgan préstamos personales a personas que han sido sus clientes y que tienen una buena calificación para ello. Los bancos comerciales son prestamistas importantes para la comunidad del pequeño negocio, pero generalmente no prestan a las empresas que se inician. Los créditos bancarios que están garantizados parcialmente por la SBA suelen facilitar la obtención de financiamiento bancario para un negocio claramente concebido que se inicia.
- Las uniones de crédito, los S&L y los bancos de cooperativa hacen créditos a pequeños negocios y pueden tener una mejor disposición hacia su compañía en ciernes que los bancos comerciales.
- Es difícil obtener créditos directos de la SBA, pero, para ciertos negocios que empiezan, en especial los que satisfacen las condiciones de su programa MicroLoan u otros programas de crédito con objetivos definidos, son una fuente excelente de fondos. Consulte a la SBA.
- Un negocio que arranca no consigue fácilmente crédito comercial. Una vez establecido un historial, el crédito comercial se convierte en una de las dos fuentes principales de financiamiento para la mayoría de los pequeños negocios. La otra son las ganancias de operación retenidas.

- Si tiene clientes a la espera de su producto o servicio, tal vez podría inducirlos a pagar por adelantado.
- Las compañías de crédito comercial, como Household Finance y Beneficial, son otra fuente de financiamiento que vale la pena investigar. Estas empresas pueden aceptar riesgos mayores que un banco comercial y es más probable que estén dispuestas a proveer fondos para negocios que arrancan. La desventaja es que se paga una tasa de interés considerablemente mayor que la que un banco cobraría.

Es difícil atraer **inversionistas en capital líquido que no sean familiares o amigos**. Si su negocio tiene un potencial de crecimiento explosivo, su banquero y otros asesores financieros lo orientarán en esta dirección. Si no es éste el caso, no pierda su tiempo y el de ellos buscando el mítico y esquivo "dinero de otras personas".

- Los inversionistas privados ("ángeles") son personas ricas que invierten principalmente en negocios de su localidad de los que conocen algo. La ventaja es que, si están interesados en su negocio, pueden aportar algo más que dinero: participan activamente, dan consejos, proporcionan referencias, etc. La desventaja es la misma: se pueden interponer en el camino.
- Lo poco probable: capitalistas de empresas de riesgo, bancos inversionistas, compañías de seguros, fondos de pensiones, etc. Estos participantes invierten cantidades importantes de dinero y buscan a cambio tasas de rendimiento fabulosas. Prácticamente ningún pequeño negocio que empieza se ajusta a sus criterios.
- Las SBIC (Small Business Investment Companies) y las MESBIC (Minority Enterprise SBICs) apor-

tan un tipo especial de capital de riesgo. Estas compañías invierten en negocios que van a crear oportunidades de empleo significativas, principalmente en aquellas de baja o mediana tecnología. Recurra a la SBA para conocer las normas vigentes y obtener una lista de las SBIC de su área.

- Las oficinas estatales y locales de desarrollo económico ocasionalmente disponen de capital para la apertura de ciertos negocios. Averigüe, pero no se sorprenda si sus normas y requisitos son muy difíciles de satisfacer.

La **venta de acciones** es una estrategia posible pero poco probable para casi todos los negocios que arrancan, y un medio costoso de obtener dinero a causa de los honorarios jurídicos y los requisitos protocolarios.

Diez cosas que los bancos buscan en una solicitud de crédito

Para ayudarle a conseguir el capital que necesita para construir su negocio, he aquí diez cosas que los bancos buscan en una solicitud de crédito.

1. Todos los bancos califican a los *solicitantes* (no a las solicitudes) con las "cinco C del crédito". Como dijera un banquero al solicitante al entregarle un cheque, "Nunca otorgo créditos a pequeños negocios, sólo a propietarios de pequeños negocios".

- *Carácter*: ¿Qué clase de persona es usted? ¿Cuáles son sus antecedentes, su historial de crédito?

- *Capacidad*: ¿Cuánto puede pedir prestado sin peligro?

- *Capital*: ¿Cuánto dinero suyo está en riesgo, y es suficiente para proporcionar un "colchón" para el banco? ¿Es suficiente para que este crédito, junto con su capital invertido, ayude al negocio a prosperar?

- *Condiciones*: ¿Cuáles son las condiciones económicas y competitivas reinantes y previstas? La economía en la que usted trabaja, ¿se está fortaleciendo, se está debilitando, o permanece estable? La industria en la que usted participa, ¿está prosperando, trastabillea, o se está encogiendo?

- *Colateral*: ¿Con qué activos sólidos puede respaldar el crédito? Los bancos no aceptan garantías colaterales porque deseen participar en el negocio de equipo o casas de segunda mano. Ellos saben que si usted arriesga activos se mantendrá fiel al negocio en caso de que las cosas no salgan bien.

2. ¿Cuánto dinero desea? Sea específico. No pida más ni menos de lo que necesita. Si no está seguro, explique la necesidad a su funcionario bancario y pida su consejo.

3. ¿Qué va a hacer con el dinero? ¿Cuál es el propósito comercial del crédito? Adquirir inventario o equipo, una expansión, etcétera.

4. ¿Por qué va a ser positivo para su negocio este crédito? Los préstamos para su negocio deben ser para fortalecerlo. Una vez más, sea específico: mejorar la productividad, participar en un nuevo mercado, acumular inventario de temporada, aportar capital...

5. ¿Por qué necesita el dinero de nuestros depositantes para su negocio? Aunque el negocio de los bancos es alquilar dinero a los prestatarios, ellos necesitan saber por qué usted no puede financiar el crédito con las utilidades de operación, con su propia inversión o a través de personas que lo respalden.

6. ¿Cuándo va a pagar el crédito? Cuanto mayor sea el plazo, mayor es el riesgo que el banco percibe. Normalmente, los créditos a corto plazo (menos de un año) sirven para financiar una "vuelta" de inventarios o una temporada; el pago de créditos para equipo y capital de trabajo requiere de uno a cinco años, y los créditos a largo plazo (hipotecas, por ejemplo) pueden requerir hasta 15 años.

7. ¿Cómo va a pagar el crédito? Los créditos a corto plazo se pagan con las utilidades de la venta de inventarios o de la temporada. Los créditos para equipo u otros créditos a mediano y largo plazos se pagan con base en las utilidades de operación. Usted deberá estar preparado para mostrar sus proyecciones de flujo de efectivo y sus hojas de balance general para sustentar una solicitud de crédito; éstas le ayudarán a demostrar al banco cuáles son sus planes para rembolsar el crédito.

8. ¿Qué sucede si las cosas no resultan según lo planeado? Con frecuencia se solicita un plan de contingencia, en especial a los prestatarios pequeños. En él se expone lo que sucedería en el peor de los casos. Recuerde que la preocupación primordial de un banco es el rembolso del crédito.

9. ¿Qué sucede si el negocio empieza a crecer rápidamente? Ésta es la cara opuesta del peor de los casos. El crecimiento rápido devora capital y detiene por completo el flujo de efectivo. ¿Qué hará usted si su negocio levanta el vuelo de verdad?

10. ¿Quiénes son sus clientes? Ésta es la pregunta más importante de todas. Tradicionalmente, los propietarios de un pequeño negocio son excesivamente optimistas respecto a su capacidad para generar negocios. Los bancos desean algo más que esperanzas y corazonadas: desean (y necesitan) conocer hechos acerca de su mercado, su participación o posición en él, y cómo hará para atraer y conservar a sus clientes.

Es necesario que usted conozca las respuestas a estas preguntas. Incluso si no está considerando pedir dinero prestado, debe tenerlas a la mano en todo momento. Es lo recomendable para una prudente dirección de empresas.

¿DÓNDE ESTÁN HOY LOS EMPRESARIOS DE LOS CASOS DE ESTUDIO?

Hemos seguido a siete empresarios de casos de estudio a medida que han dado cuatro pasos inteligentes en el proceso de poner a prueba sus ideas de negocio. ¿Dónde están hoy estas personas?

 Carmen Fuentes siguió adelante con su negocio, obtuvo su crédito bancario y alquiló espacio en un segundo piso de un edificio de ventas al menudeo de alto nivel social. Sus proyecciones resultaron ser conservadoras: el primer año trabajó en 25 bodas, pero cada una aportó en promedio $4,000. En consecuencia, Carmen pudo contratar una asistente y espera el próximo año llena de confianza.

La decisión de Elena Rodríguez de trabajar para alguien más fue buena. Todavía tiene esperanzas de abrir un negocio propio algún día. Sus experiencias de investigación de oportunidades de negocios y el hecho de comprobar si se ajustaban a ella han estimulado sus deseos de independencia; aún no ha encontrado la oportunidad idónea, pero la está buscando. Su proyecto más reciente, iniciado en tiempo parcial, es un boletín informativo para profesores de enseñanza para adultos.

David Campos echó a andar su tienda de vinos con muy pocos recursos, un error que afirma no volverá a cometer, pues ha limitado seriamente el crecimiento de su negocio. Después de dos años en él por fin puede ganarse la vida decentemente y tomarse algún tiempo de descanso.

Darío Ancira puso su negocio, Producciones DCA, S. A., y casi alcanzó su punto de equilibrio en el primer año de operación. Espera que el negocio sea rentable para fines del segundo año. Darío tiene cuatro empleados de tiempo completo y una planta de producción ubicada en una antigua fábrica de quesos. Tuvo la fortuna de encontrar a su primer cliente importante en la misma manzana. Aunque ha contratado representantes que se encargan de la mayor parte de sus ventas, para él ha resultado esencial salir y visitar por cuenta propia a sus clientes.

La Editorial Terrazas, el negocio de libros en tipo grande de Felipe Téllez, continúa prosperando. El haber percibido muy pronto lo que necesitaba realmente el mercado (tanto los lectores como los bibliotecarios

que se encargan de adquirir casi todos estos libros) ha
dado frutos en términos de un crecimiento rápido y rentable en una industria difícil.

Los Serdán siguieron adelante con su posada y han aprendido a obtener buenos resultados en un mercado saturado adoptando
un enfoque formal de negocios hacia sus
mercados. A diferencia de la mayoría de sus
competidores, buscan clientes activamente y no dependen para ello de una publicidad pasiva. Ricardo Serdán
todavía trabaja tiempo completo, mientras que Ruth dirige la posada, pero si su porcentaje de ocupación continúa tan alto como lo ha sido durante los dos años
anteriores (100 por ciento en la temporada turística, más
del 60 por ciento durante la temporada baja), van a aña-
dir un ala al edificio y Ricardo se jubilará para ayudar a
Ruth a dirigir lo que habrá de convertirse en un hotel.

Laura Castillo trabaja aún tiempo completo, sin abandonar su negocio de diseño en
sus horas libres. Compensa la falta de capital avanzando poco a poco, adquiriendo re-
putación por sus diseños, aprendiendo
cómo tratar con los fabricantes y los compradores de los
almacenes, y estableciendo contactos en la industria. Dice
que este ritmo lento es bueno, pues está averiguando
cómo funciona la industria en la realidad sin un costoso
aprendizaje a fuerza de errores. Laura no ha dejado de
lado la idea de montar su negocio, pero no lo hará hasta
que haya acumulado el capital y la experiencia suficientes para percibir que ha llegado el momento adecuado.

SUGERENCIAS PARA EL ESTABLECIMIENTO DEL TRABAJO EN RED

 Las habilidades para establecer el trabajo en red se pueden aprender. Ponga en práctica estas sugerencias antes de asistir a una sesión de este tipo y se sorprenderá gratamente ante lo fácil y valioso que puede ser dicha tarea.

1. *Decida por adelantado lo que desea obtener de la sesión de trabajo en red*. Es prudente tener una meta individual para cada una. Algunas metas posibles son:

- Aprender cómo operan tres nuevos negocios
- Encontrar una mujer con un negocio similar al suyo
- Conocer y obtener tarjetas de presentación de cinco clientes potenciales
- Dedicar al menos cinco minutos a conversar con alguien a quien usted deseaba conocer, de modo que esa persona sepa quién es usted y qué hace

2. *Prepárese, prepárese, prepárese*. Piense en frases inicia-les como "¿En qué tipo de negocio está usted?", y en al menos cinco preguntas más que le ayuden a alcanzar sus metas de trabajo en red:

- ¿Cuánto tiempo lleva usted en el negocio?
- ¿Cómo entró en ese negocio?
- No estoy familiarizado con su negocio. Hábleme de él, por favor.
- ¿Qué aspecto le gusta más de su negocio?
- Eso se parece a un problema que tengo. ¿Nos po-dríamos reunir a comer la próxima semana para hablar de ello?

3. *Sea profesional*. Vístase y actúe de manera apropiada. "Hola, soy Laura Castillo" basta para echar a andar una conversación. No olvide que las sesiones de trabajo en red no son el lugar apropiado para cerrar una venta, sino para conocer a otras gentes de negocios.

4. *Haga el seguimiento apropiado*. Envíe una nota de agra-decimiento a cualquiera que le envíe clientes o le propor-cione información o ideas particularmente valiosas. Telefonee a las personas que haya conocido y solicíteles la oportunidad de hacer una presentación formal de ventas. Haga arreglos para reunirse a comer o a tomar un café. Envíe recortes de los artículos que en su opinión podrían ser de interés para ellas. Esto les complacerá incluso si ya los han leído.

5. *Alimente la relación*. Cierre siempre el círculo. A las personas les gusta ayudar a otros y sentirse necesarias y útiles. Manténgalas informadas sobre sus planes y co-ménteles cómo puso en práctica sus sugerencias.

Asista a las reuniones, haga el seguimiento con las per-sonas que conozca y desarrolle las relaciones. Le sor-prenderá la influencia que esto puede tener en su negocio y su vida.

(Adaptado con autorización del autor y editor de *On Your Own*, © por Laurie B. Zuckerman. Upstart Publishing Co.; pp. 6 y 7.)

GLOSARIO DE PALABRAS CLAVE

Activos Los recursos o propiedades valiosas y los derechos de propiedad que pertenecen a la compañía. Pueden incluir efectivo, inventarios, equipo y edificaciones.

Año fiscal Periodo de 12 meses entre ajustes de cuentas financieras.

Capital El dinero y otros activos que se usan para iniciar un negocio; la propiedad.

Capital contable o propiedad neta El capital contable es la inversión del propietario en el negocio. A diferencia del capital simple, el capital contable es lo que queda después de restar los pasivos de los activos de la compañía; por tanto, puede ser superior o inferior al capital invertido en el negocio. La inversión en capital contable trae consigo una participación de la propiedad y comúnmente una participación en las utilidades, así como cierta injerencia en el manejo del negocio.

Competencia Rival de negocios respecto a clientes o mercados. Cualquier compañía que vende un producto o servicio a las mismas personas a las que usted desea vender.

Costos fijos Gastos que no varían con el nivel de ventas, como el pago de créditos, el alquiler y los salarios.

Costos variables Gastos que fluctúan con base en la cantidad de ventas.

Demografía Estudio estadístico de las poblaciones humanas, en especial con referencia a tamaño y densidad, distribución y estadísticas vitales.

Estados financieros Documentos que muestran su situación financiera.

Garantía colateral Valores, prueba de depósito, u otras propiedades dadas en prenda por un prestatario para asegurar el rembolso de un crédito.

Gastos Lo que usted gasta.

Ingreso Cantidad de dinero que entra con regularidad.

Marketing Creación de clientes; el proceso de planificar y ejecutar la concepción, la fijación de precios, la promoción y la distribución de ideas, bienes y servicios para satisfacer objetivos individuales y de la organización.

Mercado objetivo Grupo de personas con necesidades en común y que son los clientes potenciales más probables para un negocio.

Nicho de mercado Un segmento objetivo del mercado que usted determina que no está siendo atendido adecuadamente por la competencia actual.

Pasivos El dinero que usted debe.

Presupuesto de operación Cantidad que ha presupuestado para llevar adelante el negocio en la realidad.

Proveedores Quienes suministran bienes o servicios a un negocio.

Psicografía Se utiliza para segmentar mercados. La psicografía es el estudio de los perfiles psicológicos de los individuos. Por ejemplo, los "adoptadores tempranos" (las personas a quienes les gusta ser los primeros en adquirir algo nuevo) tienen un perfil muy distinto de los "sobrevivientes", aquellos que apenas tienen lo suficiente y detestan comprar algo que no les resulte totalmente familiar.

Punto de equilibrio El nivel de ventas en el que las utilidades producto de las ventas son iguales a los costos y gastos totales.

Segmentación de mercados Definición de clientes potenciales de acuerdo con diversas características: aspectos geográficos, demográficos, hábitos de compra o estilos de vida.

Subcapitalización Situación en la que se aporta demasiado poco capital para que el negocio opere con éxito.

Utilidad Ingreso total menos gastos totales.

PRIMERA EDICIÓN
ABRIL 1998
TIRO: 2 000 EJEMPLARES
(MÁS SOBRANTES PARA REPOSICIÓN)
IMPRESIÓN Y ENCUADERNACIÓN:
ARTE Y EDICIONES TERRA
OCULISTAS NO. 43
COL. SIFÓN
MÉXICO, D.F.